壹
卷
YE BOOK

让 思 想 流 动 起 来

本书付梓前夕，惊悉东 晋次先生溘然辞世，编辑同人亦憾亦痛。

仓促附记于此，为这缘分，斯为纪念。

壹卷工作室　谨识

王莽

儒家理想的信徒

［日］东 晋次 著　　李天蛟　臧鲁宁 译

四川人民出版社

日本家喻户晓的《平家物语》开篇诗《祇园精舍》有云："祇园精舍的钟声，有诸行无常的声响，沙罗双树的花色，显盛者必衰的道理。骄奢者不久长，只如春夜的一梦，强梁者终败亡，恰似风前的尘土。远征外国的事，有如秦之赵高，汉之王莽，梁之朱异，唐之安禄山，这些人都因为不遵旧主先皇的政治，穷极奢华，不听谏言，不悟天下将乱的征兆，不恤民间的愁苦，所以不久就灭亡了。"[1]

在这首诗中，本书的主人公王莽被贴上了"骄奢"的标签。毫不夸张地说，在日本，自《平家物语》问世起，王莽就一直背负着篡权者的骂名。当然，王莽一度断绝西汉刘氏一族帝位的一脉相传，建立新莽，这在历史上是不争的事实。另外，从结果来看，也正如

《平家物语》所描述的那样，他"不听谏言，不悟天下将乱的征兆，不恤民间的愁苦"。然而，在中国历史上，篡夺前朝政权，自立为王者大有人在。为何唯独王莽一人要遭受如此责难？想必其中自有原因。

在王莽政权覆灭后，汉室刘氏一族的刘秀一统天下，是为东汉光武帝，被誉为中兴汉室的一代英主。而为了主张东汉政权的正统性，就必须对王莽政权进行负面评价。在东汉时期，对王莽或其政权稍加偏袒的言论都被视为禁忌。在东汉前期的王充所著《论衡》中，其对王莽的批判随处可见。甚至曾为王莽效力的桓谭也在其著作《新论》中对王莽的政治家资质进行了非常苛刻的评价。桓谭为光武帝所厌恶，遭受冷遇。这一方面是因为他批判谶纬之说，另一方面想必也是因为他与王莽的关系。此后，东汉学者也习以为常地对王莽进行丑化。即使到了后世，也几乎看不到对王莽的正面评价，就连唐代史学家刘知幾也毫不意外地将王莽视为篡权者。显而易见，《平家物语》中对王莽的评价也继承了上述立场。

将王莽痛批为篡权者的关键依据应该是毒杀平帝一事。根据《汉书》记载，翟义在讨伐王莽的檄文中提到了这一"事实"。另外，根据《后汉书》记载，隗嚣在起兵伐莽檄文中历数王莽罪状，其中也包括这件事。宋代的《资治通鉴》继承上述观点，从正统论的角度出发，明确地记载了鸩杀平帝这一"事实"，这给近代以前的王莽批判提供了不可动摇的合法性。清代考证学者赵翼在《廿二史札记·王莽之败》中，引用《论语》"今之愚也诈"一语，指出王莽正符合这一点。另外，在《王莽自杀子孙》一节中，他认为王莽之所以迫使自己的子孙和兄长的儿子自杀，是因为"其意但贪帝王之尊，并无骨肉之爱也"。不过值得注意的是，赵翼并未明言王莽毒杀平帝一事。

近代以降，学界针对王莽的评价发生了转变。其中，胡适的《王莽》一文应该是近代中国人所著王莽论的开山之作。正如这篇文章的副标题"一千九百年前的一个社会主义者"所示，胡适认为王莽制定的诸多政策具有近似于社会主义的思想。他甚至认为，从有关六筦[2]的诏书中，可以看出王莽深谙国家社会主义之精髓。德国学者奥托·弗兰克的观点与胡适相似。不过他没有像胡适那样给予王莽高度评价，而是将王莽的诸多政策视为国家社会主义实验。

然而，胡适或弗兰克认为王莽的改革具有近代国家社会主义改革性质，其实是将自身对于现代问题的关注过于直接地投射于历史事件而得出的结论，从这种意义上讲，不得不说这种理解仅浮于表面。走进历史世界时，对现实问题的关注是有必要的，但在方法上必须首先对历史世界中的"情况"进行一次过滤。王莽在其所处的政治环境中，如何理解当时的社会课题？在宦海浮沉中寻求自保的同时，又如何尝试解决这些社会课题？要理解王莽，不正需要以此为立足点吗？

　　早在1920年，日本的吉田虎雄便在《王莽的社会政策》一文中肯定了王莽卓越政治家的身份，而河地重造于1970年发表的《王莽政权的出现》则是一篇剖析内在本质的"王莽论"。河地重造认为，"他（王莽）并非只是一个梦想家，也并非偏执的权力欲望集合体，他以自己的方式审视社会，并立志对社会进行改革"。这种解读王莽的视角是值得重视的。河地先生还指出，从历史学角度弄清王莽政权，"不仅能够明确以武帝在位时期为顶点的西汉政治体制向东汉体制过渡的过程，还可以尝试对古代中国的特质进行进一步的探讨"。他立足于这种立场，试图将诸多与王莽政权相关的历史事件还原到历史发展的脉络当中，并进行评价。河地先生对王莽其人及其政权进行了客观的解读，其研究开创先河，已经成为近年来研究的基本立场和普遍共识。

　　这一研究方向性值得赞同，不过讨论却仅仅局限在王莽政策的层面上。然而，日本还没有严格意义上的王莽传记，因此解读王莽施政心理所必需的，自青年时期起的人格形成过程、各种政治经历、思维特征等都不甚明了。在对那些视王莽为与时代格格不入、大逆不道的篡权者的立场进行反思时，这一现状给构建批判理论带来了困难。

　　因此，本书将参考近年来王莽及其政权的相关研究，围绕王莽的时代理解及由此产生的问题意识、政治决断和形成与开展的行动，对其一生进行考察。相信这本书会帮助读者判断这样一个问题："王莽究竟是不是一个大逆不道的伪善篡权者？"

译者注：

[1] 译文引用自《平家物语》，周作人译，北方文艺出版社 2018年。

[2] 王莽将盐、铁、酒、钱币铸造权、山林水泽管理权收归国家管理，统称"六筦"，也作"六管"。

目
CONTENTS
录

第一章

王莽的成长经历与王氏一族

王莽出生

　　王莽出生于汉元帝初元四年（前45年）。他的父亲王曼是汉元帝皇后王政君（即元后）同父异母的弟弟。王莽之母名渠，姓氏不详。王曼在王永、王莽二子出生后不久早逝。有关王曼的史料很少，仅知其在汉成帝元延年间（前12—前9年）被追封为新都哀侯。在王莽政权即将覆灭之前，王曼的弟弟王根之子，王涉曾对刘歆说："新都哀侯自幼疾病缠身，功显君（王莽之母）平素贪杯，恐怕皇帝（王莽）并非王家后人。"[1]可见在王氏族人的记忆中，王曼是一个体弱多病之人。

　　通过诸多史实可以推断，在元帝初元四年，王莽出生时，王曼的年龄大致在二十岁到二十五岁之间。至于其卒年，应不晚于王氏兄弟被封为王氏五侯之时，即河平二年（前27年）。假设王曼终年在三十岁至三十五岁之间，那么王莽在十岁至十五岁之间就已成"孤"儿（幼年丧父即为"孤"）。河平二年左右，王莽叔父、堂兄弟等王氏子弟陆续出任高官。王莽的哥哥王永出任诸曹（也叫左右曹，皇帝身边的官职）应该也在这一时期。

总之，王氏一族这一身份，在很大程度上决定了王莽人生的大致格局和走向。假设青少年时期的经历决定了王莽的性格和志向等发展方向，那么为了探究王莽在青少年时期所处的环境，首先需要了解的就是王氏一族的情况。

王氏祖先

王莽自称其为黄帝后人。《汉书·元后传》中的《自本》（王莽自制王氏族谱）有载："黄帝姓姚氏，八世生虞舜。"那么也就是说，王氏一族是儒家圣王尧、舜、禹中舜的后裔。那么，王莽是出于何种意图自制族谱的？以下，笔者将结合《元后传》中的记载进行讨论。

齐桓公时期（前685—前643年在位），王氏祖先"完"成为齐国的卿，姓田氏。黄帝虽姓姚氏，但春秋战国时期姓和氏之间的区别逐渐模糊，因此才以田氏为姓。田完的第十一代后人田禾成为齐王，王位代代相传，直到田建在位时为秦所灭。田建的孙子田安虽然被起兵反秦的项羽封为济北王，但之后又被西汉政权废除。田家被齐国人称为"王家"。于是，"田"安便成了"王"安。

汉文帝至汉景帝时期，王安的孙子王遂居住在济南郡
首府东平陵（今山东省济南市以东），生下王贺。汉武帝
时期，王贺出任绣衣御史，曾在魏郡（今河北省南部）一
带剿贼。在处理落网盗贼时，王贺纵而不杀，因此被以玩
忽职守的罪名罢免。当时王贺说道："我听闻如果拯救千人
性命，子孙受封。那么，为我所救者有万余人，想必子孙
后世会很兴旺吧。"[2] 被罢免之后，王贺因与东平陵终氏
不睦，便移居至魏郡元城县（今河北省大名县以东）的委
粟里。在那里，他被任命为三老（乡官。由德高望重的长
者担任的自治体领导者），深得魏郡百姓信赖。一个在元
城县当地颇有人望，被人们尊称为"建公"的人说：

　　春秋时期，沙麓崩坏，晋国太史占卜后说："阴为
阳雄，土火相乘，因此沙麓崩坏。六百四十五年之后，将
有圣女出现。"想必预言所指就是齐国田氏。王翁孺（王
贺）移居此地的时间与预言相符。而且元城城东有一处五
鹿之墟，即沙鹿之地。想必八十年后，王氏一族将有尊贵
女子现世，兴盛天下。[3]

根据《春秋》的记载，沙鹿崩坏发生于僖公十四年（前
647年，一说前646年）。此事可见于春秋三传[4]，但均没有
提及上述晋国太史占卜一事。上文中的"六百四十五年"和
"八十年"，与元后的出生和掌权时间大致相符，这虽然

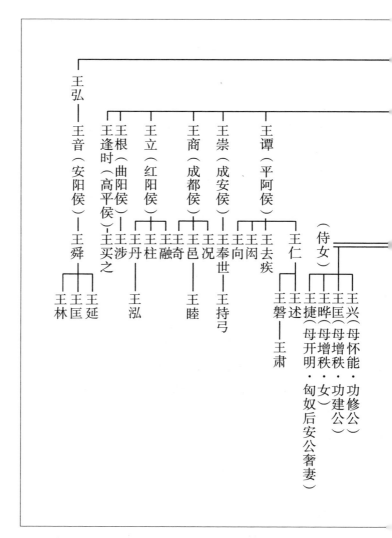

王氏世系图

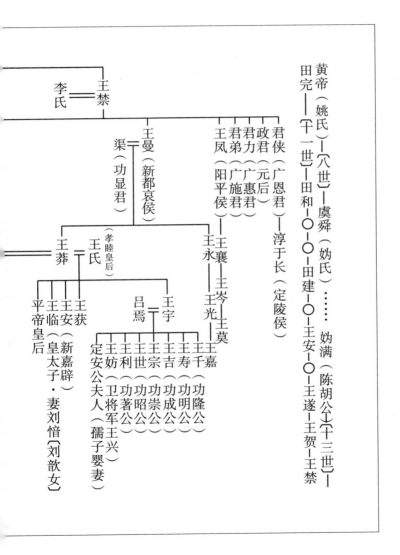

带有浓厚的杜撰色彩，但需要注意的是，将要出现的人物是"圣"女。而"圣"字很有可能成为解读《王莽传》的关键字。

元后入宫

王贺之子王禁曾在长安学习法律，并担任廷尉史，即廷尉（相当于法务大臣）衙门中的事务官员。王禁与妻子魏郡李氏生有一女，名为政君（即后来的元后）。据说王禁妻子在怀孕期间曾梦到月入腹中。

此外，在其尚未成为元帝皇后时，坊间有很多关于她的传言：王政君先后与一名男子和东平王定下婚约，但二人均于婚礼前死去。王禁十分诧异，便请人为王政君相面，卜相者曰："当大贵，不可言。"王禁听了之后心以为然，便开始培养王政君读书、习字、鼓琴，之后又托人将其送入后宫成为家人子（等级最低的宫人）。当时王政君年十八岁。始建国五年（13年），王政君以八十四岁高龄离世。以此推算，王政君应于汉宣帝本始三年（前71年）出生，汉宣帝五凤四年（前54年）入宫。

王政君入宫之后，宫中风平浪静，并没有发生什么特殊事件。一年多之后，当时的皇太子（即汉元帝）深爱的司马良娣病逝。司马良娣在临终前，告诉皇太子自己死于太子官官人的嫉妒和诅咒。皇太子因痛失心爱之人而郁郁寡欢，加之对诅咒一事信以为真，所以不仅不与其他宫人亲近，还整日迁怒他人。汉宣帝非常担心，便命令皇后从后宫家人子中选出五人服侍皇太子。而王政君就是五人之一。皇太子入后宫朝见皇后时，皇后便让五名宫人与皇太子相见，并授意长御（汉朝皇后宫内的女官）询问皇太子的心意。皇太子对五人毫无兴趣，但又不能忤逆皇后，便不情愿地应付道："这里面有一个人还不错。"当时王政君坐在距离皇太子最近的位置，而且只有她穿着镶着红边的宽大上衣，于是长御误以为皇太子选中了王政君。

就这样，王政君被送进太子宫，得御幸并怀上了身孕。太子宫有数十名宫人。在此之前，有的宫人得皇太子宠幸七八年之久，也没能生下子嗣，而王政君得到一次临幸便怀上了身孕。甘露三年（前51年），王政君在甲馆画堂生下了之后的汉成帝，也是当时的嫡皇孙。据史料记载，汉宣帝亲自为皇孙挑选"骜"字为名，以太孙为字，并常置左右，宠爱有加。

虽然上述事件均为偶然，但也可以看出王政君的运势之强。王莽能够在历史上留下自己的名字，某种程度上也是上述偶然事件的产物。想到这些，不得不感叹历史的不可思议。班彪在《元后传·赞》中评指出，王莽之所以得势，是因为元后四世母仪天下。班彪之子班固也在《王莽传·赞》中称王莽能够篡国称帝"亦天时，非人力之致矣"。想必班氏父子在评赞时，也是感叹历史的偶然性，有感而发吧。

元后、王凤和王崇由王禁的嫡妻[5]李氏所生，至于王氏族谱中其他兄弟姐妹，则为异母所生。王禁生性沉溺酒色，妻妾成群，共有四个女儿和八个儿子。元帝死后，汉成帝即位（前33年），元后作为皇帝的生母获得了皇太后尊号，王凤被任命为大司马大将军，领尚书事，地位显赫，王崇则被封为安成侯，封邑万户。同时，王凤同父异母的兄弟也均被封为关内侯，地位仅次于列侯，均拥有各自封地。王氏一族自此作为西汉外戚逐渐崛起。另外，河平二年（前27年），汉成帝的舅父王谭被封为平阿侯，王商被封为成都侯，王立被封为红阳侯，王根被封为曲阳侯，王逢时被封为高平侯。五人同日封侯，因此世称"五侯"。皇帝的诸皇子被封为王者，称诸侯王；而"侯"则指次于诸侯王的列侯，是汉朝二十等爵制之中臣子能获得的最高爵位。

译者注：

[1]《汉书·王莽传上》："新都哀侯小被病，功显君素耆酒，疑帝本非我家子也。"

[2]《汉书·元后传》："吾闻活千人者有封子孙，吾所活者万余人，后世其兴乎。"

[3]《汉书·元后传》："翁孺既免，而与东平陵终氏为怨，乃徙魏郡元城委粟里，为三老，魏郡人德之。元城建公曰：'昔春秋沙麓崩，晋史卜之，曰："阴为阳雄，土火相乘，故有沙麓崩。后六百四十五年，宜有圣女兴。"其齐田乎！今王翁孺徙，正直其地，日月当之。元城郭东有五鹿之虚，即沙鹿地也。后八十年，当有贵女兴天下'云。"

[4]《春秋左氏传》、《春秋公羊传》、《春秋穀梁传》合称"春秋三传"。

[5]嫡妻，第一次所娶的妻子，即元配（原配）。

| 第二章 |

青年时期的苦闷

王氏青年

根据《汉书·王莽传上》记载，王莽的堂兄弟都是将军、列侯之子，他们仗着王氏一族的权势，沉溺于声色犬马，过着奢靡的生活。[1]如后文所述，王莽的一些叔伯也肆意妄为，与其子勾结任侠之士，从事违法勾当。而父兄早亡的王莽却不得不早早背负起照顾母亲、嫂子和侄子的重担，在五味杂陈中度过了自己的青年时期。当时，王莽尚未封侯，过着"孤贫"的生活。不过，在河平二年（前27年），即其十九岁之前，兄长王永似乎一直担任诸曹[2]一职，另外，族人也会施以援手，所以，应该不至于贫困潦倒。也许王莽有时也会与其堂兄弟们一同玩乐，但是，与贵为列侯的叔伯家相比，他还是不得不过着低人一等的生活。也正因为此，王莽才必须忘记其堂兄弟们的奢靡生活，转而摸索自己的生存之道。

《汉书·王莽传上》有云："（王莽）因折节为恭俭。""恭俭"即恭谨谦逊，不放纵；"折节"则是指强自克制，改变平素志行。以后文进行推测，这句话的意思应该是说，王莽改变志向，走上了勤学之路。那么，究竟他是在何年纪下此决心的？王莽诸位叔父封侯是在河平二年，当时王莽十九岁。考虑到王氏一族的放纵始于汉成帝即位（前33年），那么王莽或许是在十五岁左右，也就是到了进行专门性学习的年纪时下定决心的。

后来，博学之士张竦曾为王莽写了一篇称颂功德的文章。文章开头对王莽少年时期进行了概括，其大意为：王莽求学之时，社会奢靡之风盛行，他本可以倚仗王氏一族的权势为所欲为，但却能够约束内心，实践仁道，克己复礼，矫正世风并坚守己道；他安于清贫的生活，在家中夫妻恩爱，孝顺友爱；在外则温良下士，关怀故知，忠于师友。当然，这是一篇赞美王莽的文章，因此难免有阿谀奉承之嫌。不过结合班固针对王莽青年时期的叙述来看，这篇文章应该与实际情况没有太大出入。可以说王莽当时的生活态度，对其后来在官场能获得拥护与地位起到了决定性作用。

学习礼经

根据《王莽传上》记载，王莽在决心改变生活态度之后，"受礼经，师事沛郡陈参"。

自汉武帝时期（前140—前87年在位）以来，年轻人如果立志进入官场，就必须学习儒学。按照当时的教育制度，一般八岁左右入私塾学习汉字读写，而官僚、学者子弟比这更早就在家中接受教育了。在学习汉字的同时，背诵《孝经》、《论语》等经典著作同样也是基础教育的核心内容。基础教育完成之后，就开始进入下一阶段的学习。虽然之后的官学制度经王莽完善，确立了太学、郡国学、县校、庠序的顺序，[3]不过在那之前，中央同样设有太学，地方大多数郡国也设有相当于地方大学的郡国学，而县中则有县校。同时，由精通一门经学的学者所创办的私塾和私学也已经开始出现。进入学校，特别是进入太学、郡国学或私学游学的年龄通常是十五岁左右。在西汉时期，首先精通五经（《易》、《书》、《诗》、《春秋》、《礼》）中的一经至关重要。

至于王莽的求学之路，虽然他早年丧父，家境贫寒，但毕竟也是王氏家族的一员，即便其在族中无足轻重，其学习过程应与其他官僚或学者家的子弟并无二致。那么，王莽在接受基础教育之后，"受礼经，师事沛郡陈参"这一经历，又有怎样的背景？这里首先必须回答两个问题——为何选择礼经和陈参是谁。

提到"礼"，我们大概会先想到冠、婚、葬、祭之礼。在中国传统社会，"礼"具有极其重要的意义，是在家庭生活、社会生活以及政治活动中，对人起到约束作用的法则与规范。在孔子的学说中，"礼"与"孝"、"仁"同等重要。吉川幸次郎在解释《论语·颜渊》中的"克己复礼为仁"时，在阐发宋儒的"礼者，天理之节文"，"皆归于礼，方始是仁"之观点的同时，也提出了自己的见解：即"'复礼'中的'礼'并不是压迫并降低欲望的法则，而是为了使欲望达到某种黄金比例"。

另外，宫崎市定在《中国思想的特质》中说道："根据荀子的观点，'礼'是由古代帝王制定，并要求其子孙和人民永远遵守的法则。不过，'礼'的意义其实在于得'中'。……得'中'意味着能经受时间的考验，如果某一行为得'中'，那么即使重复无数次也绝不会有任何差错。也可以说，作为空间性原理的'中'只有得到时间性原理'庸（庸，常也）'的印证，才能成为真正意义上的'中'。另外，'礼'蕴含中庸之德，这意味着'礼'等同于自然法则。"关于"中庸"说，可见于《礼记·中庸》。

两汉时期的儒学分为今文经学与古文经学两大学派。虽然秦始皇焚书坑儒致使大部分儒家经典失传，不过到了汉代，学者们使用汉朝的通用文字隶书，将以背诵的方式传承下来的儒家文献和"师说"记录在简帛上，制作了一批儒家文献。依据这些文献讲解儒学的学派即今文学派。今文学派的五经研究在汉武帝"独尊儒术"政策下，逐渐成为给汉朝王权正统性提供理论依据的官学。在太学中，各经也分别设立了博士官（学官）。然而，从西汉中期开始，私藏于民间而得以幸免、以古代字体（古文）书写的儒家文献陆续被发现，并被朝廷作为秘书（宫廷所藏非公开书籍）收藏了起来。

西汉末期，刘歆等人对这批秘书进行了研究，并对古文《春秋左氏传》、《周礼》等文献给予了高度评价，于是围绕今古文经典孰优孰劣问题，产生了激烈的学派间对立，这种对立关系一直持续到东汉。东汉末期的郑玄会通今古文学说，开创了新的一体化儒学体系。

我们现在看到的《礼记》据说成书于宣帝（前73年—前49年在位）时期。在《汉书·梅福传》中可以看到元帝、成帝时期曾出现《礼记》的证据。另外，根据《后汉书·桥玄列传》记载，成帝朝的大鸿胪桥仁曾著有《礼记章句》四十九篇。由郑玄确立的儒家礼学经典被称为"三礼"，分别是《周礼》、《仪礼》和《礼记》。西汉时期的今文学派把《仪礼》定为礼经，因此王莽当时主要学习的或许就是《汉书·艺文志》中著录的《士礼》十七篇（即今天的《仪礼》）和《礼记》。《周礼》虽与王莽后期的政治活动密不可分，但当时并未被一般人所熟知，因此青年王莽的学习内容应该以当时的礼经——《仪礼》为主。

在西汉时期的今文经学中，《春秋公羊传》处于核心

|016| ·王莽：儒家理想的信徒·

地位。虽然《春秋穀梁传》在汉宣帝时立于学官，《春秋
左氏传》也逐渐受到关注，但在当时占据主流地位的仍然
是《公羊传》。除此之外，《诗经》和《尚书》也是可选
择项。那么，王莽为何选择礼学？

西汉中后期，围绕儒学的实用性——在政治活动中应
该如何使用儒学思想、学说这一课题，产生了以下有关庙
制和南北郊祀的讨论。第一、汉高祖以来各郡国所设立的
郡国庙是否合乎儒家之礼；第二、如何使诸帝陵的宗庙合
乎古礼中的"天子七庙制"；第三、不应在长安以北的云
阳（今陕西省淳化县）甘泉宫祭祀上帝（天神）、在河东
郡汾阴（今山西省河津市南）祭祀后土（地神），而应该
在都城南北郊外祭祀天地。元帝朝的儒家官员提出上述问
题，并展开了数年的争论。如上所述，西汉中后期，随着
儒家学者踏入官场，礼制问题成为不可忽视的政治问题。
因此，可以认为王莽之所以选择专攻礼经，是出于对当时
政治问题的关注。而后来结束上述争论中后两者的不是别
人，正是王莽。

下面来看"师事沛郡陈参"一事。首先笔者并不清楚
陈参当时是不是一名太学博士，也有可能他当时在长安开
设私塾。根据《后汉书·光武帝纪》记载，新莽天凤年间
（14年—19年），光武帝曾经在长安学习《尚书》。《东
观汉记》中也有"受尚书于中大夫庐江许子威"的记载。
《汉书·儒林传》中有"受于博士某"等明确并突出博士

身份的例子，由此可见光武帝当时是在私塾，而非太学。
那么王莽是不是在陈参开设的私塾里学习的？当时的礼学
分为"大戴、小戴、庆氏"三家，开创庆氏礼的庆普来自
沛郡，而陈参同样来自沛郡，因此王莽所学的很可能是庆
氏礼，但无法确定。始建国三年（11年），王莽设置六经
祭酒，由沛郡陈咸出任讲礼祭酒，此人或许与王莽的老师
陈参有某种关联。《王莽传上》有云："（王莽）勤身博
学，被服如儒生。"生动刻画了王莽热衷礼学的样子。

　　另外，王莽后来还学习了礼学之外的经学。《后汉
书·徐防列传》有载："祖父宣，为讲学大夫，以《易》
教授王莽。"《汉书·儒林传》中也有苍梧的陈钦向王莽
传授《春秋左氏传》的有关记载。由此可见，王莽在儒学
方面应拥有相当程度的造诣。

交游关系

　　王莽在照顾母亲和嫂侄并专心学习礼学的同时，还广
交当时的贤俊之士。《汉书·叙传》记录了王莽与班固祖
父三兄弟的亲密往来。三兄弟即班伯、班斿和班稚。

　　班氏三兄弟的父亲是班况，班况尚有一女，乃汉成帝
的婕妤（婕妤是仅次于皇后、昭仪的第三等嫔妃）。在三
兄弟中，尤其班斿和班稚与王莽的关系最为密切。班斿去
世时，王莽并非亲族但却为他穿起丧服。不过后来班稚拒

绝与王莽合作，因此并未在王莽后得势。但由于班婕妤深受元后信赖，所以班氏家族虽然在王莽执政时不得志，但也并未遭受残酷的对待。班稺的孙子是班固。想必班固撰写《王莽传》时难免受其家世背景的影响。

班氏三兄弟中的长兄班伯应该与王莽之间没有直接往来，这是因为，当时班伯已经在大将军王凤的举荐之下成为成帝近臣，以学问执掌顾问应对，并于河平年间（前28—前25年）赴任定襄太守，返回京师之后又因染疾而专心于疗养。班伯年轻时曾师从师丹学习《诗经》，还师从成帝的老师郑宽中、张禹学习《尚书》和《论语》。其学力深厚由此可见一斑。根据《汉书·叙传》的记载，成帝后来厌倦学习，整日微服与王氏亲戚淳于长、成帝外家许氏子弟厮混，沉迷声色犬马，对学者型的班伯来说，已经不是可以继续追随的君主了。想必当时在王莽眼中，班伯的形象应该是一位值得尊敬的长辈。

班斿也是一名才俊。左将军史丹曾举其为贤良方正，之后历任议郎、谏大夫、右曹中郎将，并与刘向一同校订皇室书籍。刘向是王莽智囊刘歆的父亲，曾就外戚，尤其是王氏一族的擅权进行批判。班斿在向汉成帝进讲[4]已经完成校订的书籍时受到称赞，获赐秘书副本。班斿把这些秘书收藏在家中，因此班斿之子班嗣、班稺之子，也就是班固之父班彪也得以一读。据说扬雄、桓谭等好学之士还曾提出借阅的请求，或许王莽也是其中之一。不过天妒英才，班祈英年早逝。

成帝时期，年轻的班稚历任黄门郎、中常侍，成为皇帝近臣。他任黄门郎时，同僚中就有王莽和刘歆二人。成帝末年，皇帝打算把定陶王——即后来的哀帝立为太子，于是征询近臣的意见，唯独班稚不置可否。哀帝即位之后，班稚被调为地方官，贬为广平相，或许就是出于这一原因。后来，平帝即位，王莽掌握实权，班稚作为使者之一，负责到民间收集赞美王莽的祥瑞和颂声，但一无所获并因此获罪。元后念及班稚与班婕妤同族，于是将其下放，命其担任延陵（汉成帝陵）园郎一职。当时王莽并未向昔日好友伸出援手。

除班氏兄弟之外，后来上书支持王莽封侯的长乐少府戴崇、侍中金涉、胡骑校尉箕闳、上谷都尉阳并等人似乎也与王莽有所往来。其中，金涉与王莽之间还有亲戚关系。根据《汉书·金安上传》记载，遵照汉武帝遗愿，与霍光、上官桀共同辅佐昭帝的金日磾的孙媳是王莽母亲的妹妹，曾孙是金当，而金涉乃金当的同族兄弟。在王莽治下，金氏一族很多人都获得了高爵显位。根据《汉书·陈汤传》记载，陈汤曾上书推举王莽，提议将其封为新都侯。但由于陈汤与王莽在年龄上相差甚远，很难相信二人之间有来往。陈汤做过很多贪赃枉法的勾当，他之所以推荐王莽，或与自己受到王凤的关照有关，也许是打算送王氏一族和王莽一个顺水人情。至于其他与王莽有所来往之

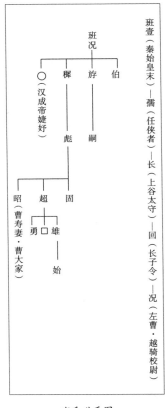

班氏世系图

人，则没有多少可以参考的史料。

再介绍一则与王莽交游有关的轶事。根据《汉书·毋将隆传》记载，王莽年轻时仰慕大司马车骑将军王音麾下的从事中郎毋将隆，并试图与之结交，但毋将隆似乎并不想与王莽亲近。后来，毋将隆历任冀州牧、颍川太守。在王莽掌权之后，毋将隆受到大司徒孔光的弹劾，被流放到了合浦（今广西壮族自治区合浦县东北一带）。

以上，是通过史料可知的王莽交游情况，但具体的交游时期不详。另外，王莽学礼期间内的交游对象也不甚明了。至于与同事刘歆、班稚的正式来往，应该是在其出任黄门郎之后。十五岁左右走上求学之路的王莽真的有亲密好友吗？这一点不得而知。不过，求学时期的王莽应该是活在一种郁郁不得志的苦闷之中的。当时太学的入学年龄为十八岁。一年之后，太学生可以根据毕业考试成绩到各个官府中任职。其中也有人像后文将提到的翟义那样，仰仗父亲的丞相身份，二十岁就出任南阳郡等大郡的都尉。王莽与身为长子、年纪轻轻便出任要职的哥哥王永不同，直到二十岁仍没有得到一官半职。因此，无法否认，青年时期的王莽很有可能处于一种郁郁不得志的苦闷中。

踏入官场

汉成帝阳朔三年（前22年），王莽二十四岁。同年秋，大司马大将军王凤病倒。在一个多月的时间里，王莽一直尽心尽力地照护王凤。王凤非常感动，便在临终前写下遗嘱，把王莽托付给了元后和成帝。同年八月，王凤病逝。成帝遵从遗嘱，任命王莽为黄门郎。根据《淳于长传》记载，王莽姑母之子淳于长在此期间与王莽一同照顾王凤，也凭借王凤的遗嘱，从黄门郎升任列校尉诸曹。王凤是王莽最年长的伯父（即世父），因此对于重视礼制的王莽来说，照顾王凤是理所当然的事情。王凤是淳于长的舅父。对淳于长来说，照顾舅父也是外甥的本分。总之，无论王莽是否有所企图，最终还是在王凤的推荐下得到了官职。不过，作为外戚王氏的一员，二十四岁才走上仕途，可谓大器晚成。

《汉书》中的《百官公卿表》记载了西汉官制的沿革和体系。西汉的中央官制体系可以用"三公九卿"一词概括。其中三公为丞相、太尉、御史大夫（关于三公制的演变将于后文叙述），丞相之下设"九卿"，相当于今天日本省厅大臣。卿之下又设立令、丞，相当于今天日本的课长、课长补佐，而令、丞的下属官员被称为掾属。以上就是西汉中央官制的大致情况。

黄门郎为黄门郎官之意。黄门即宫门，由于当时皇宫小门被涂成黄色，故有此一称。《百官公卿表》有云："郎掌守门户，出充车骑，有议郎（比六百石）、中郎（比六百石）、侍郎（比四百石）、郎中（比三百石）。"议郎的职责与其他三种稍有不同。郎官无定员，多可至千人，隶属于九卿之一郎中令（武帝朝改为光禄勋）。王莽初入仕途时担任的官职，是负责守卫宫中禁门等工作的郎官。而根据《汉书·扬雄传》所收《解嘲》的叙述，于成帝朝担任黄门郎的扬雄最初的职位为侍郎，得到提拔之后才"给事黄门"。由此可见，郎官之中负责守卫黄门的才被称为"黄门郎"。王莽最初出任的郎官很有可能跟扬雄一样，也是侍郎。

每年举"孝廉"科前往中央赴任的地方人士通常首先出任郎中，之后被分配到中央诸官署或地方官府。不过，从淳于长的例子也可以看出，负责掌管皇宫出入口黄门的黄门郎的选拔尤为严格，想必外戚子弟身份会对选拔结果产生很大影响。

　　王莽官拜黄门郎不久，又迁至射声校尉。射声校尉乃八校尉之一，负责统领善射之士，俸禄二千石。郎官之中俸禄最高的议郎、中郎也只有比六百石，显然王莽获得破格晋升的机会。

　　汉朝官制的特征之一，是通过秩石制——官职的俸禄，即谷物的多少区分上下尊卑。在中央官僚体制中，自丞相万石以下分为二千石、（中二千石、）千石、八百石、六百石、五百石、四百石、三百石、二百石诸等（西汉末期废除了八百石和五百石）。此外还有比二千石和比四百石，略次于二千石和四百石。地方郡国及各县在当地录用的官员（被称为掾史）的最高俸禄是一百石。"石"是重量计量单位，一石约为27公斤。在汉朝的官僚体制中，从一百石升至二百石是官员首先要攻克的难关。在这之后，六百石也是一道难以跨过的门槛。六百石以上即为高级官僚。跨越这两道门槛并尽快达到二千石，是汉朝官员的目标。

　　王莽虽然初任侍郎，俸禄只有比四百石，但通过破格晋升，很轻易就跨过了六百石的门槛。当然，考虑到王莽有成帝的照拂，一切似乎不足为奇。但无论如何，王莽最终无须体验普通人的艰辛，轻而易举地至官俸二千石，与元后同族的身份优势初次得以体现。

列侯爵位

王莽官迁射声校尉之后不久，朝廷中就有人提议，将其封为列侯。先是王莽的叔父成都侯王商上书，请求分割自己的户邑，封与王莽。接着，长乐少府戴崇、侍中金涉、胡骑校尉箕阂、上谷都尉阳并、中郎陈汤等人也纷纷上书，请求把王莽封为列侯。由于这些人都是当时的名士，因此成帝不得不也把王莽尊为贤士。另外，元后也念及兄弟中唯独王莽的父亲王曼未被封侯，时常把对王莽的怜悯之情挂在嘴边，于是王莽终于在永始元年（前16年）被封为新都侯，封地位于南阳郡新野县（今河南省新野县）的都乡，食邑一千五百户。后来，王莽又历任骑都尉、光禄大夫、侍中等职。根据《汉书·王莽传中》的记载，始建国元年，王莽在登基后，就将昔日举荐自己的戴崇、金涉、箕阂和阳并这四位"旧恩"之子封为男爵。

就这样，王莽成为一名侍奉皇帝左右的近臣。他的地位越高，生活态度就越发谦逊，经常毫不吝啬地把车马衣物赠给宾客，以至于家中财物所剩无几。他还经常给当时的名士赠送礼物，与朝廷高官建立亲密的往来关系。《汉书·王莽传上》记载了一则反映其生活态度的小故事：王莽安排兄长王永之子王光在太学博士门下学习，每到休息日，王莽就备好车马，载上羊、酒前去慰劳老师，就连王光的同窗也得到了恩惠。据说太学学生都纷纷前来旁观，太学各位长老也感叹不已。

后来即使出任大司马，位列三公，王莽仍然保持着相同的生活态度。他经常聘请贤能之士担任大司马府属官，并把皇上的赏赐、封邑的收入悉数分给部下，所以自己的生活难免变得越来越俭朴。有一次，王莽的母亲生了病，公卿、列侯纷纷派自己的夫人前来探望。夫人们在门口看到装束过于朴素的王莽妻子，还误以为是出门迎客的仆人，当得知真相之后都非常吃惊。那么，王莽的这些行为究竟说明了什么？《汉书》的作者班固曾就此做出解答："莽既拔出同列，继四父而辅政，欲令名誉过前人，遂克己不倦。"[5]班固的观点非常中肯。在任何时候，名誉和名声都是在政界生存的必需品。不仅在当时，但凡想要在政界中生存下去，就必须具备一定的名誉。

另外，从王莽的成长经历也可以得出一个结论，即王莽在年轻时就已经具备了某种觉悟，他相信保持这种生活态度才是提高自己社会地位的唯一途径。除在官场之外，王莽也为了提高自己在平民阶层的名声而煞费苦心。如后文所述，政治家王莽的处世为人之术日渐圆熟，最终使自己成为人们心中的一个"幻想"。

译者注：

［1］《汉书·王莽传上》："莽群兄弟皆将军五侯子，乘时侈靡，以舆马声色佚游相高。"

［2］诸曹，犹言各部，亦借指各部的官员。

［3］太学，中国古代的国家最高学府。郡国学，郡国级别的地方公立学校。县校，县级别的地方公立学校。庠序，古代的地方学校，后亦泛指学校。

［4］进讲，指向帝王讲解诗书文史等。

［5］《汉书·王莽传上》："莽既拔出同列，继四父而辅政，欲令名誉过前人，遂克己不倦。"

| 第三章 |

出任大司马

内朝外朝

如上文所述，王莽封侯之后，历任骑都尉、光禄大夫、侍中等官职。骑都尉与光禄大夫隶属光禄勋。光禄勋乃九卿之一，执掌宫殿门户。汉武帝时期，光禄大夫曾被更名为中大夫，俸禄比二千石，执掌议论应对，是无固定职务的散官，负责审议重要议案，并向皇帝提供建议。骑都尉亦为比二千石官职，执掌羽林骑。羽林骑是汉武帝在长安城外西侧建造建章宫时设立的军队，负责警卫工作，最初称为建章宫骑，后改名为羽林骑。王莽起家黄门郎，其后官迁射声校尉、骑都尉，其所任官职几乎都与护卫宫殿门户有关。从昭、宣二帝时期，霍光把持朝政时起，这为外戚官职的一大特征。那么，侍中又是一个怎样的官职？

《汉书·百官公卿表》中有这样一段关于"加官"[1]

制度的记载："侍中、左右曹、诸吏、散骑、中常侍、皆加官，所加或列侯、将军、卿大夫、将、都尉、尚书、太医、太官令至郎中，亡员（译者注：即无定员），多至数十人。侍中、中常侍得入禁中……"王莽在任骑都尉的同时加官侍中。即在原有官职基础上，加以上述"加官"，得以侍奉皇帝左右。这样的官僚也被称为"中朝官"或"内朝官"。与此相对，前文提到的三公——丞相、太尉、御史大夫，九卿，以及下属官僚组织，则称为"外朝官"。

直至汉武帝时期，政务都由外朝官在皇帝的统领下处理。然而，汉武帝在临终之前留下遗诏，把亲信霍光、金日磾和上官桀分别封为大司马大将军、车骑将军和左将军，并命令三人辅佐汉昭帝。这三种将军称号古已有之，但将军的本职工作原本是征讨四方，而不是直接参政。那么，霍光等人是以怎样的方式，在辅佐汉昭帝的同时把持朝政的？要回答这个问题，就不得不提到尚书一职的重要作用。

尚书隶属于掌管皇室财政的少府（九卿之一），主要负责向皇帝传达奏书，下达皇帝诏令。尚书一职始于秦，在西汉前期还是个无足轻重的官职。不过，汉武帝在位时，加强中央集权，导致政务繁忙，所以由尚书和宦官（宦官被称为中书）共同分担皇帝秘书官的职能。当时，官员在上奏时会递交正副两本奏书。尚书通过阅览副本内

容，判断是否把奏书呈交皇帝。另外，尚书在传诏时还会
提前知晓国家的重要机密。于是，尚书逐渐获得实际参与
政策制定的权限。武帝朝以降，尚书成为一个侍奉皇帝左
右的重要职位，统领尚书的长官称为尚书令。

霍光等人正是通过获得统领尚书的权力，才得以执行
政务。这个权限就是所谓的"领尚书事"，即被赋予了掌
管尚书令以下尚书之权。就这样，一个与外朝相对，被称
为内朝的政治机构成立了。那么下一个重要的问题就是，
谁来掌管内朝大权？而在此时走上历史舞台的，就是所谓
的外戚集团。

外戚政治

这里请参照《大司马就任者一览表》，除张安世、韩
增等人以外，武帝朝至平帝朝的大司马大部分都是外戚。
这些外戚以领尚书事之权进入国家权力中枢。那么，为何
会出现这种现象？

大司马就任者一览表

人名	将军号	任期	备注
卫青	大将军	汉武帝元狩四年（前119年）—元封五年（前106年）	汉武帝卫皇后的弟弟
霍去病	骠骑将军	汉武帝元狩四年（前119年）—元封六年（前105年）	汉武帝卫皇后姐姐之子

续表

人名	将军号	任期	备注
霍光	大将军	汉武帝后元二年（前87年）—汉宣帝地节二年（前68年）	霍去病的异母兄弟、汉宣帝霍皇后的父亲
张安世	车骑将军	汉宣帝地节二年（前68年）—元康四年（前62年）	
霍禹		汉宣帝地节二年（前68年）—地节四年（前66年）七月	霍光长子
韩增	车骑将军	汉宣帝神爵元年（前61年）—五凤二年（前56年）	
许延寿	车骑将军	汉宣帝五凤二年（前56年）—甘露元年（前53年）	汉宣帝许皇后的叔父
史高	车骑将军	汉宣帝黄龙元年（前49年）—汉元帝永光元年（前43年）	汉宣帝祖母兄长之子
王接	车骑将军	汉宣帝永光元年（前43年）—永光三年（前41年）	汉宣帝母亲王夫人兄弟之子
许嘉	车骑将军	汉元帝永光三年（前41年）—竟宁元年（前33年）	汉宣帝许皇后的堂弟、汉成帝许皇后的父亲
王凤	大将军	汉元帝竟宁元年（前33年）六月—汉成帝阳朔三年（前22年）八月	元后的弟弟
王音	车骑将军	汉成帝阳朔三年（前22年）九月—永始二年（前15年）正月	元后的堂弟
王商	卫将军	汉成帝永始二年（前15年）二月—永始四年（前13年）十一月	元后的弟弟
	卫将军	汉成帝元延元年（前12年）正月—十二月	
	大将军	汉成帝元延元年（前12年）十二月	

续表

人名	将军号	任期	备注
王根	骠骑将军	汉成帝元延元年（前12年）十二月—绥和元年（前8年）四月	元后的弟弟
		汉成帝绥和元年（前8年）四月—七月	丞相、大司马、大司空制
王莽		汉成帝绥和元年（前8年）十一月—绥和二年（前7年）六月	元后弟弟之子
师丹		汉成帝绥和二年（前7年）六月—汉哀帝建平元年（前6年）正月	
傅喜		汉哀帝建平元年（前6年）正月—建平二年（前5年）二月	汉哀帝祖母傅太后的堂弟
丁明	卫将军	汉哀帝建平二年（前5年）二月—元寿元年（前2年）正月	汉哀帝母亲丁后的哥哥
	骠骑将军	汉哀帝元寿元年（前2年）正月—九月	
傅晏	卫将军	汉哀帝元寿元年（前2年）正月一日—十一日	傅太后的堂弟、汉哀帝傅皇后的父亲
韦赏	车骑将军	汉哀帝元寿元年（前2年）十一月—十二月	
董贤	卫将军	汉哀帝元寿元年（前2年）十二月—元寿二年（前1年）五月	
		汉哀帝元寿二年（前1年）五月—六月	大司马、大司徒、大司空制
王莽		汉哀帝元寿二年（前1年）六月—汉平帝元始五年（5年）四月	
马宫		汉平帝元始五年（5年）四月—八月	

（基本依据《汉书·百官公卿表》，部分内容根据其他史料记载进行了修改）

要回答这个问题，首先需要了解大司马是个怎样的官职。汉武帝时期，大将军卫青和骠骑将军霍去病因讨伐匈奴立下军功，皇帝为了平衡二人的地位，于是设置大司马一职。当时，军事最高长官原本是三公之中的太尉。《汉书·百官公卿表》"太尉"条有载："太尉，秦官，金印紫授，掌武事。武帝建元二年（前139年）省。元狩四年（前119年）初置大司马，以冠将军之号。"太尉一职初置于汉惠帝六年（前189年），最初由周勃担任。后来，周勃之子周亚夫也曾任这个职位，并在平定吴楚七国之乱中立下军功。武帝建元二年，丞相窦婴与太尉田蚡被罢免，其后，便不再设置太尉一职。

武帝元狩四年，大司马初置，用以冠于将军称号之前。这就是后来霍光奉汉武帝遗诏，辅佐汉昭帝时所出任的官职——大司马大将军的先例。图表中霍禹的将军称号一栏为空，这是因为他只被封为大司马，没有获得过将军称号。宣帝地节二年（前68年）三月，霍光去世。为了分割和限制霍光生前担任大司马大将军领尚书事时所获得的权限，张安世被任命为大司马车骑将军领尚书事，霍光之子霍禹仅被封为大司马而未授予将军称号，至于领尚书事的权限，则到了张安世和霍光兄长之孙——奉车都尉霍山手中。

通过前表可知，直到汉成帝时期，大司马都是冠于将军号前的加号。《汉书·百官公卿表》记录了成帝朝之后的大司马一职的沿革：成帝绥和元年（前8年），初赐大司马金印紫绶，并设置属官，俸禄次于丞相，去除将军号。哀帝建平二年（前5年），去除大司马的印绶，不设属官，依旧例冠于将军号前。元寿二年（前1年），复赐大司马印绶，设置属官，去除将军号，官位在司徒之上。[2]

从一览表可以一目了然地看到，就任大司马的大多数都是外戚。就连第一位担任大司马大将军领尚书事的霍光也不例外。《汉书》中还列有《外戚恩泽侯表》，这说明外戚通常都会被封为列侯。除封侯之外，外戚集团还借助皇后或皇太后的权力担任要职，或手握内朝大权，或掌管皇宫卫队。而这也是历代外戚政权的共通之处。而其中最关键的官职就是大司马大将军领尚书事（除大将军之外，也有其他将军号）。

武帝死后，霍光辅佐昭帝，开启了外戚辅政的先例。此后，即使皇帝长大成人，也仍由外戚出任大司马。他们通过领尚书事权限干涉国政、制约皇权。特别是在皇帝尚未成年时，先帝皇后以皇太后身份（有生母或非生母两种可能）垂帘听政，这就是所谓的"临朝称制"。另外，皇太后在执政时，往往会与其父兄或族人商议，这种由辅佐皇帝的外戚掌握政权的政治形态，被称为"外戚政治"。

由王氏一族主导的外戚政治始于元帝离世，元后之子成帝即位之时。竟宁元年（前33年）六月，成帝即位，时年十九岁。与此同时，元后的长兄（成帝的长舅）王凤出

任大司马大将军领尚书事。根据《大司马就任者一览表》
所示，在此之后，成帝朝的大司马一职几乎均由王氏一族
垄断。在哀帝离世、平帝即位之后，元后开始临朝称制，
王莽获得大司马领尚书事的权力，外戚政治正式确立。此
即东汉外戚政治的开端。

王氏专权

有了皇太后这样的靠山，王氏一族一时风光无限，势
力鼎盛，不过同时也因一些放纵行为频繁受到官员或世人
的批判。竟宁元年（前33年），元帝卒，成帝即位。是时
天生异象，黄雾漫天，终日不散。谏大夫杨兴与博士驷胜
等人上书，声称这种异象是由阴气转盛损害阳气所致，提
及高祖曾经立下的誓约——没有功绩的人不可封为列侯，
指出皇太后两名同母兄弟没有功绩，却得以封侯，这违反
了汉高祖的誓言，于是才出现了这种灾异。对此观点，很
多人都表示赞同。大司马大将军王凤见此情形，便主动请
辞。成帝把过错揽到自己身上，并出言挽留，最终辞职一
事不了了之。

另外，王氏一族中的五人同日封侯之后，汉成帝同
父异母的兄弟、定陶王刘康来到长安朝见皇帝。刘康乃傅
昭仪之子。大司马大将军王凤认为定陶王长期滞留京师会
引起麻烦，便以当时偶发的日食为由，进言要求成帝命令

定陶王返回藩国。成帝不得不再次妥协，听从了王凤的意见。这时挺身而出的是时任京兆尹（相当于日本东京都知事）的王章。王章生性刚直，颇具侠义风范。他指出，王凤把日食灾异归咎于定陶王来朝是错误的；正相反，发生日食的原因是阴侵阳、臣擅君。同时，他还细数王凤的种种不当行为，主张对其进行罢免。成帝对王凤的专横亦有所不满，听到王章的意见之后深以为然，于是向王章征求意见，打算寻找王凤的继任者。王章便举荐了冯野王。然而，王章在进言罢免王凤时疏忽大意，在奏书中竟将成帝与羌胡相提并论。元后叔父王弘之子、侍中王音偷听到成帝与王章的对话，并向王凤告密。于是王凤托病闭门不出，再次请辞。元后在听说此事之后，便不再进食。这令成帝非常为难。成帝自幼亲近并依附于王凤，本就不忍免其官职，加之又受到生母元后绝食的威胁。一筹莫展的成帝最终回心转意，命令尚书弹劾王章。并以"将夷狄与君上相提并论，欲使皇家后继无人，背叛天子，暗中为定陶王谋事"的罪名将王章定罪。[3]王章最后死于狱中，妻儿也被流放到南方边地合浦一带。这件事发生在阳朔元年（前24年）。

经此一事，王氏一族的权势得到了进一步的巩固和加强。朝中公卿都很忌惮王凤。各郡国的长官也几乎都由王氏一族或被其扶持之人担任。另外，向王凤告密的侍中王音被任命为御使大夫，位居三公之列。以王氏五侯为首的王氏一族开始了穷奢极欲的生活。他们在庭院中修起假山楼台，建起内设高廊阁道的豪宅，后庭姬妾各数十人，家中僮奴数以千百计，钟磬（石制或玉制的打击乐器）一字排开奏起靡靡之音，更有随着音乐翩然起舞的舞伎和倡优投怀送抱。他们以观赏狗马驰竞为乐，其奢侈程度甚于天子。

王氏一族还利用各种机会收受贿赂与馈赠。根据《汉书·货殖传》记载，成都（今四川省成都市）巨富罗裒用一半财产贿赂曲阳侯王根与定陵侯淳于长，以王氏一族为靠山在全国各地进行赊贷，攫取暴利。另外他还独占四川特产——井盐的利润，仅用一年时间就使自己的财富翻倍。王莽的叔父中还有人结交江湖人士，这个人就是红阳侯王立。《汉书·酷吏传·尹赏传》有载："红阳长仲（译者注：即王立）兄弟交通轻侠，臧匿亡命。"《汉书·元后传》亦有载："红阳侯立父子臧匿奸猾亡命，宾客为群盗。"这些都能够证明，王立与其兄弟、儿子结交"轻侠"并为之提供庇护。其中有些是为害一方、流窜到长安的恶人，还有一些是长安本地的亡命之徒。这些人有时还被招揽为宾客，仗着王氏一族的权势干出偷盗或伤人等勾当。王立与后来官至丞相的朱博私交甚好，而朱博年轻时与轻侠、任侠之流也有所往来。有理由相信，王立是通过朱博才结交到了一些江湖人士。另外，还有一些史料表明，跟王根一样收受罗裒贿赂的淳于长与霸陵（今西安市灞桥区）的"大侠"杜

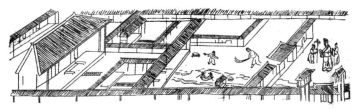

豪族庭院画像石图

稗季之间也存在密切的往来关系。

对成帝来说，王氏一族的政治垄断当然不是一件值得高兴的事情；对那些秉持政治理想，期盼国泰民安的官僚们来说，王立父子、王根、淳于长等人的所作所为可恨至极。刘氏一族的刘向曾在河平三年（前26年）上奏揭发王氏一族的行径。梅福也以王章事件为契机，上书请求成帝遏制外戚权力进一步扩张，践行真正意义上的"亲亲之道（崇尚血缘关系）"。

然而，成帝顾及母亲元后和王凤等舅父的情分，对王氏一族的专权束手无措。

成帝之怒

尽管如此，王氏一族的奢靡、僭越和目无法纪令人忍无可忍，终于让成帝出离愤怒。

当时，王商凿穿长安城墙，引沣水注入庭院，建成大池。某日，成帝驾临王商宅邸，看到他在穿城引水建成的

大池上行船作乐，虽心生不快，但隐忍未发。其后，成帝
在微服出行经过王根宅邸时，发现其庭院中除了假山和楼
台之外，居然有一座建筑物与皇帝的未央宫白虎殿极为相
似。成帝暴怒，严厉斥责王商等人的堂兄弟，即时任大司
马车骑将军的王音。然而，王商、王根两兄弟却打算先向
元后谢罪。成帝知道后更加怒不可遏，令尚书问责司隶校
尉（负责监察长安周边地区官员）和京兆尹，指责他们只
顾讨好王氏一族，没有尽到检举和弹劾的责任；同时命令
王音把王商等人召集到车骑将军府；接着还令尚书奏"文
帝诛薄昭故事"，用以作为法办外戚的旧例。于是，王
音、王商、王立和王根等人抱着必死的觉悟负荆请罪。然
而，成帝始终无法诛杀自己的舅父，于是这件事就这样不
了了之了。

　　王氏五侯之中，王商、王立、王根三人最为放肆。汉
成帝曾经询问病重的王凤，平阿侯王谭能否继任大司马。
王凤答道："王谭等人虽然与臣是至亲，但平素行为奢靡
僭越，无法作为百姓的表率和领导，不如御史大夫王音谨
慎自制。臣愿以死保举王音。"（译者注：见《汉书·元
后传》）其后，王凤在临终之际再次推荐王音接任自己的
职位，并恳切叮嘱成帝决不能任用王谭等五兄弟。

　　通过上述王氏五侯的种种行迹不难推断，王凤之所
以不顾自己的兄弟，力荐叔父之子王音接任自己的职位，
是作为王氏一族的栋梁，为守护家族权势和地位做出的决

断。后来，王莽也告发并逼死了自己的堂兄弟淳于长。那么，这二者之间是否存在某种相通之处？

淳于长之死

根据《汉书·佞幸传·淳于长传》记载，淳于长凭借元后外甥这一身份，年纪轻轻就出任黄门郎。阳朔三年（前22年），王凤生病时，淳于长曾与王莽一起精心照料王凤，"甚有甥舅之恩"。姐妹之子为"甥"，母之兄弟为"舅"，"甥舅"即外甥和舅父。需要注意的是，"甥舅"在中国古代亲属关系中具有特殊含义。毫不夸张地说，外戚政治正建立在这种关系之上。之所以这样说，是因为新帝与其母皇太后的兄弟恰恰是这种"甥舅"关系。在人类学领域，这是一个与亲属关系理论中的表亲通婚有关的问题。总而言之，对于舅舅来说，外甥是一个特殊的存在；而对于外甥来说，舅舅是自己值得依赖同时又必须敬畏的长辈。在研究外戚政治时，这种涉及血缘关系的心理学视角必不可少。然而，淳于长与王凤之间的甥舅关系，并不存在于王莽与王凤之间。对王莽来说，王凤是父亲的兄长，是自己的伯父；而对王凤来说，王莽是自己的"从子（即侄子）"。因此二人不是"甥舅"，而是"伯侄"关系。对于元后来说，王莽是她的侄子，二人之间当然也存在着姑侄之情。

　　或许舅舅王凤的离世对成帝来说如释重负，从鸿嘉元年（前20年）开始，他不思学业、不问国政，经常微服出行游玩。在这段时期，讨得成帝欢心并常伴其左右的，是张放和淳于长。淳于长凭借王凤的遗言，在其死后跟王莽一样从黄门郎升至列校尉诸曹；不久后便官拜水衡都尉（负责上林苑的管理、税收、铸造货币等），加官侍中；之后又成为卫尉，位列九卿。他行事多恃才傲物，善搞阴谋诡计。

　　成帝在微服夜访长安时与赵飞燕相遇，之后将其召进后宫，宠爱有加。许皇后被废之后，成帝打算立赵飞燕为后，元后以赵氏出身卑微为由加以阻拦。淳于长时任侍中，常伴皇帝左右。他利用自己是元后外甥的身份，周旋于元后与成帝之间，最终促成了赵飞燕立后一事。这件事发生于永始元年（前16年）六月。同年，王莽被封为新都侯。淳于长以此向成帝卖了一个人情。他后来在元延三年（前10年）二月被封为定陵侯，应该也跟这个人情有关。

　　自此，淳于长更加肆无忌惮，不仅与废后许氏之姐私通，还通过许氏之姐向许氏承诺会助其成为左皇后，以此骗取好处。刚好在同一时期，肩负辅政之责的大司马骠骑将军王根因病屡次提出辞官的请求。而淳于长也暗自期待，认为该轮到自己接任大司马一职。王莽向来对淳于长的所作所为感到不满，当他得知淳于长与废后许氏之姐私通，并从废后处骗取贿赂之后，便把这些事巨细无遗地报告给了王根。王根听后大怒，命王莽立刻把这件事上报元后。王莽遂面见元后，细数淳于长的诸多行径。元后听了也勃然大怒曰："儿至如此！往白之帝"（译者注：见《汉书·佞幸传·淳于长传》），命令王莽继续上报皇帝。就这样，成帝免去淳于长卫尉一职，并令其前往位于汝南郡的封国定陵（今河南省平顶山市以东）就国（即前往封国定居）。

然而事情并未就此了结。红阳侯王立见嫡长子王融收取淳于长贿赂的珍宝，便为其求情，劝说成帝收回成命。成帝感内有隐情，下令抓捕王融。王立为了灭口，命王融自杀，但这反而加深了成帝的疑虑。于是成帝派人抓住了前往定陵途中的淳于长，将其关押在洛阳的监狱。在审讯之下，淳于长坦白了自己与人合谋帮助废后许氏成为左皇后一事。成帝绥和元年（前8年）十一月，淳于长罪至大逆，死于狱中；而王立则被遣往南阳郡红阳侯国（今河南省叶县以南）就国。

经此一事，王莽在大司马候选人中再无敌手，这个职位终于降临到了他的头上。王莽告发表兄弟淳于长的行为，究竟是为了赢得大司马一职而采取的策略，还是跟王凤一样，为保全王氏一族而做出的选择，抑或是一种正义之举？这一问题的答案，显然会对王莽其人的看法和判断产生很大影响。

译者注：

〔1〕加官，即原有官职之外兼任其他官职。

〔2〕《百官公卿表》："成帝绥和元年初赐大司马金印紫绶，置官属，禄比丞相，去将军。哀帝建平二年复去大司马印绶、官属，冠将军如故。元寿二年复赐大司马印绶，置官属，去将军，位在司徒上。"

〔3〕《汉书·元后传》："比上夷狄，欲绝继嗣之端，背畔天子，私为定陶王。"

| 第四章 |

失意的日子

哀帝即位

汉哀帝刘欣乃定陶王刘康和丁姬之子。汉元帝有三子：与元后生下汉成帝刘骜，与傅昭仪生下定陶王刘康，又与冯昭仪生下中山王刘兴。皇帝的儿子称为皇子。一般来说，皇子的命运有两种：或成为皇太子继承皇位，或被封为诸侯成为一国之主。一旦被立为皇太子，就意味着距离君临天下仅有一步之遥，因此所有皇子对此都梦寐以求。除皇子本人之外，皇子的母亲与其娘家——外戚自然也对此翘首跂踵。

成帝三岁时，祖父宣帝卒，当时的皇太子元帝即位。在元帝即位之后，成帝作为元帝与嫡妻王皇后的儿子，顺理成章被立为皇太子。成帝深受祖父宣帝喜爱。成年之后，他好读经书，为人心胸开阔又不失谨慎，深受喜好儒学的父王元帝的器重。然而，成帝后来沉溺宴饮酒色之乐，元帝慢慢对其疏远，成帝母亲元后也在建昭年间（前38—前34年）遭到冷落，而取而代之获得元帝欢心的是定陶王刘康与其母傅昭仪。

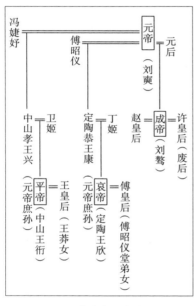

西汉末皇室世系图

建昭四年（前35年），元帝年龄最小的弟弟中山王刘竟去世。成帝与中山王自幼一起长大，然而在葬礼上却没有表露出丝毫的哀伤。元帝见状十分不满，并对负责护佑皇太子的大臣史丹说："一个不慈善仁爱的人怎么可能奉祀宗庙、为民父母？"史丹马上回应道："臣看到陛下因中山王辞世而感伤，以致伤身，适才见到太子时，臣私自嘱咐太子不要哭泣，以免陛下感伤。是臣的错。"[1] 成功化解了元帝的怒气。

竟宁元年（前33年），元帝卧病在床，不久于人世。傅昭仪与定陶王一直侍奉床前，而皇太子（成帝）和元后却无法自由探视。元帝病情加重，心绪不宁，数次询问尚书有关汉景帝立胶东王的旧例。[2]太子、元后、王凤等人对此忧心忡忡，却无能为力。就在这时，史丹抓住元帝独处的机会来到床前以死进谏。元帝也认为皇后（元后）向来谨慎，太子又深得宣帝（宣帝祖母史良娣即史丹祖父史恭之妹）喜爱，自己又怎能违背先帝之意，于是放弃了废除皇太子的想法。

元帝死后，傅昭仪不得不随自己的儿子定陶王刘康前往定陶国（今山东省定陶县附近），称号为定陶太后。十年之后，汉成帝阳朔二年（前23年）八月，定陶王刘康离世，其三岁的儿子刘欣——也就是后来的哀帝继承定陶王王位，由祖母定陶太后亲手抚养成人。元延四年（前9年），定陶王刘欣与冯昭仪之子中山王刘兴同时入朝。定陶王带着封国的傅、相和中尉，而中山王则只有一名傅陪同。汉成帝问定陶王为何带了三个人，成年后喜好文辞法律的定陶王答道："依据相关法令，诸侯王朝见皇帝时，封国之中二千石级别的官员可以随行。傅、相、中尉都是封国中的二千石官员，因此就把他们全部带了过来。"成帝又让定陶王背诵《诗经》，他不仅背诵得十分流畅，还很好地解释了其中的含义。某日，成帝又问中山王类似的问题："只有傅一人随行，有什么法令作为依据吗？"中山王无法作答；被要求背诵《尚书》，又中道而废。成帝由此不得不承认自己的弟弟中山王才能低下，而对定陶王则刮目相看。[3]

傅太后当时随定陶王一同来朝，她见成帝尚未立皇嗣，于是多次暗中以珍宝贿赂赵皇后、赵皇后之妹赵昭仪和成帝舅父——大司马骠骑将军王根等人，请他们助定陶王一臂之力，使其成为皇太子。赵皇后、赵昭仪和王根等人都打算讨好定陶王和傅太后，以便在日后巩固自己的地位，便纷纷在成帝面前夸奖定陶王，劝说成帝立定陶王为皇太子。成帝本就认可定陶王的才能，亦有此意。虽然当时仅为十七岁的定陶王行元服之礼[4]后，便让其回国；但在第二年，即绥和元年（前8年）二月，成帝便将定陶王刘欣立为皇太子，同时增加中山国三万户封邑；封中山王的舅父、谏大夫冯参为宜乡侯，以安抚中山王。至此，傅氏终于得偿所愿。

哀帝政权

绥和二年（前7年）三月，成帝于未央宫离世。四月，皇太子刘欣继承皇位，拜谒汉高祖庙，是为汉哀帝。那么，时任大司马的王莽采取了怎样的行动？

首先，王莽受元后诏命，打算辞官归家，以回避哀帝的外家。在他上疏请辞后，哀帝却派遣丞相孔光等人禀告元后："皇上听到太后下的诏令之后非常悲伤，如果大司马（王莽）辞官，那么皇上也拒绝主持国政。"[5]于是王莽才奉元后之命，继续留任。

不过，在其留任后不久，就发生了一件大事。当时未央官举行宴会，傅太后也将出席，于是内者令把同席的傅太后的座位安排在太皇太后元后旁边。王莽发现之后责问内者令："定陶太后是藩妾，怎能与至尊（元后）同列？"[6]内者令撤去座位安置于别处，傅太后闻之大怒，拒绝出席宴会，从此怀恨在心。于是王莽不得不再次请辞，这一次哀帝批准了他的请求，并赐其黄金、安车驷马（由四匹马牵引的可坐乘马车）。很多朝中公卿大夫都认为王莽在宴会时的做法合情合理，于是汉哀帝不得不为其加封南阳郡棘阳县（今河南省南阳市南）的黄邮众三百五十户，还以三公之礼相待，以示恩宠。但是，大司马一职仍由师丹继任，王莽则暂时从官场隐退。

前文中的轶事曾经提到，哀帝的性格中有喜好法律的一面。

有这样一则关于汉王朝统治方针的故事：宣帝中兴汉室，其统治方针具有浓厚的法家色彩。当时身为太子的元帝见宣帝依靠法律弹压处置臣子，统治方式过于严苛，便在一次侍宴时轻描淡写地对宣帝说："陛下过于重视刑罚，应该适当任用儒生。"宣帝脸色一变，说道："汉朝自有汉朝的制度，一直以来都是'霸道''王道'兼而用之，怎能依照周朝的政治方针，仅凭德治？况且那些俗儒不懂洞察时宜，只知厚古薄今，使人不分名实，不知所

守，怎能让其管理国家？"接着，宣帝又发出感叹："乱
我家者，太子也。"（译者注：事见《汉书·元帝纪》）

"名实"即"刑名"，《汉书》注者之一、唐代颜师古
称："刑名乃是一种以名责实，尊君卑臣，崇上抑下的统
治方针。正如刘向《别录》所云：'申子（申不害）的学
问被称为刑名之学'，这是一种法家思想。"（译者注：
见《汉书·元帝纪》颜师古注）比如，如果某人身居某官
职（名），那么就应该根据任职时的业绩（实）来对其进
行考核和追责，也就是所谓的"对结果负责"。"霸、王
之道"分别指施行权治的霸道与施行德治的王道，即法家
和儒家这两种相互对立的统治方针。宣帝说这一番话的目
的，应该是想让皇太子明白，汉王朝的统治方针的关键在
于二者兼而用之，可谓用心良苦，意味深长。

后来王莽全面贯彻周朝的统治方针（"周政"），反
而造成严法苛律增多，体制僵硬专制，最终使汉王朝走向
灭亡。王莽的统治方针正是元帝向往的"周政"。不知宣
帝看到王莽对"周政"的应用和实践，会做何感想。

相较于元帝或成帝，哀帝的性格更接近宣帝，可以说
是一位忠实于汉王朝传统统治方针的皇帝。哀帝于即位不
久之后的绥和二年（前7年）六月，颁布著名的限田令。
这是一个限制土地所有权的法令，后文将结合王莽的王
田制对此进行讨论。在法制方面，哀帝自建平二年（前5
年）四月起，陆续对官制进行改革。比如，将成帝绥和元

年（前8年）四月更名为大司空的御史大夫一职恢复原本称呼；依照武帝旧制，将同样于绥和元年，因翟方进、何武上书而被改设为州牧的刺史一职恢复旧称。哀帝的这些复旧举措，与其亲手提携的大司空朱博有很大关系。

包括将于后文展开讨论的哀帝三公制改革在内，从这一系列官制改革中，应该可以看到哀帝试图推翻成帝朝由儒家官僚主导的制度改革，恢复秦朝以来的传统制度的强烈意愿。而这样做的目的，就是为了收回被王氏一族夺走的王权。

除了官制以外，哀帝的改革也涉及郊祀制度。武帝朝的郊祀制为：在云阳甘泉宫祭祀上帝，在河东郡汾阴祭祀后土。但元帝朝的儒家官僚们以不符合儒家古礼为由，对这种祭祀方式进行质疑；到了成帝朝，便改为在长安的南郊祭天，北郊祭地。然而，这一郊祀制改革在成帝朝并没有被贯彻执行。成帝几乎每年都依旧制，到甘泉宫和汾阴一带举行祭祀。不过在成帝死后，元后随即又改在长安南北郊外祭祀天地。建平三年（前4年）十一月，长安南北郊祀制度终于被哀帝废除。这种做法彻底地触碰了儒家官僚的神经。

此外，哀帝对有罪之人严惩不贷，即便外戚也不例外。颁布限田令的第二个月，曾任大司马的曲阳侯王根和继任成都侯的王商长子王况触犯法律。哀帝遣王根就国，贬王况为庶民，命其回乡。第二年，即建平元年（前6

年）正月，赵昭仪（成帝皇后之妹）杀害宫女及宫女所生成帝子嗣一事暴露。哀帝将时任侍中骑都尉的赵太后（汉成帝皇后）之弟、新成侯赵钦和赵钦的侄子、城阳侯赵䜣贬为庶民，流放辽西郡。想必哀帝的做法使元后产生顾虑，同月，她命令王氏一族将墓地以外的土地全部分给贫苦百姓。

哀帝对违法官员也毫不留情。丞相朱博受傅太后指使，陷害反对为傅太后加尊号的傅喜、孔光、师丹等人，还与傅太后堂弟傅晏、御史大夫赵玄合谋，对得罪了傅太后的傅喜发起弹劾，企图剥夺其侯位。在事情败露之后，三人服罪，朱博一人自杀。上述事件发生于建平二年（前5年）八月。

虽然哀帝在执政时仅被动地对大臣们的上奏进行裁决和判断，缺乏主动性，但正如班固《汉书·哀帝纪赞》所云，哀帝也有自己的政治理想："哀帝亲眼看见成帝朝政权旁落，外戚得势。因此在执政之后屡诛大臣，欲效仿武、宣二帝，强化王权。"[7]然而，哀帝的统治方针对以元后为首的王氏一族非常不利，甚至还会导致灭族。

尊号问题

哀帝在即位之后，尊皇太后元后为太皇太后，赵皇后为皇太后。同年五月，封傅氏为皇后。皇后傅氏是哀帝祖母定陶太后傅氏堂弟傅晏之女。哀帝早在身为定陶王时，便遵从定陶太后的指示将傅氏纳为王妃。在立后的同时，根据《春秋》"母以子贵"之义，哀帝祖母定陶太后被尊为恭皇太后，母亲丁姬则被尊为恭皇后，食邑与长信宫（元后居住的宫殿，指代元后）、中宫（指赵皇后）的标准相同。虽然皇太后和皇后这两个皇帝母亲和妻子的称呼前都加上了哀帝父亲定陶王刘康的谥号"恭"，但太后尊号前去掉了国名"定陶"，可见这一举措的意图在于进一步提高二者的地位，使其接近皇太后和皇后。于是就出现了这样一个问题：皇太后和太皇太后尊号仅可赋予先帝嫡妻，与是否为当朝皇帝的生母或亲祖母无关，还是也可以赋予当朝皇帝的生母和亲祖母？

根据《汉书·师丹传》记载，在哀帝即位，元后和赵皇后分别被尊为太皇太后和皇太后时，高昌侯董宏上书，指出根据秦庄襄王的旧例，哀帝母亲定陶恭王后应该被尊为皇太后。但与之相反，师丹、大司马王莽则认为，在汉朝君临天下的时代，进行有关皇太后这一至尊称号的讨论时，参考秦朝的先例是对圣朝的欺侮，不宜言说，并以此对董宏进行弹劾。当时哀帝刚刚即位，对师丹和王莽有所顾虑，便依二人之言，贬董宏为庶民。傅太后勃然大怒，逼迫哀帝授予尊号。无奈之下，哀帝只得把父亲定陶恭王尊为"恭皇"（《汉书·哀帝纪》记载为元后诏令）；五月，在册立皇后傅氏的同时，尊定陶太后为恭皇太后，尊

丁姬（哀帝之母）为恭皇后。这两个尊号虽然分别使用了
皇太后与皇后称号，但因为保留了象征定陶藩国国君的
"恭"字，所以也可以解读为"恭皇的太后"与"恭皇的
皇后"。可见当时双方曾尝试通过不同的解释方式，进行
妥协与调停。

　　不过，郎中令泠褒和黄门郎段犹等人却上奏道："定
陶恭皇太后、恭皇后不应把象征藩国的'恭'字加在尊号
之前，车马、服饰也应与'皇'字相称，并应设置二千石
以下的相应属官各司其职。另外还应在京城为恭皇设立宗
庙。"[8]哀帝把相关事宜交由群臣讨论，结果几乎所有
大臣都附和泠褒等人，只有师丹以扰乱尊卑之序为由表示
反对。实际上，设立"恭皇庙"与宣帝为父亲设立"皇考
庙"的情况相同。藩王即位，新君的父亲不是皇帝，那么
祭祀就成了一个棘手的问题，且必须考虑到天子七庙制。
在这个问题上，王莽与刘歆的观点一致，他认为宣帝父亲
的宗庙和哀帝父亲的恭王庙都与古文礼学立场相悖。后来
哀帝死去，王莽也是出于这种立场废除了恭王庙。而师丹
对郎中令泠褒等人意见的反对，其实是天子七庙制之争的
延续。争论的本质，是支持宣、哀帝法家统治方针的朱博
一派与信奉儒家思想的师丹王莽一派的思想对立。

　　前文提到，王莽蔑称傅太后为"藩妾"。他和师丹等
人反对给傅氏和丁氏加尊号这一态度的背后，存在着王、
傅两个家族在宫中地位和政治威信等问题的对立。对于王

莽来说，必须阻止傅氏与元后平起平坐。因此，表面上虽然只是制度层面上的尊号问题，实际上却是王氏与傅氏、丁氏之间激烈的权力斗争。

事态并未按照王莽和师丹的意愿发展。如前文所述，五月，傅氏被册立为皇后之后不久，王莽便不得不请辞归家，闭门不出。根据《汉书·百官公卿表》记载，王莽被罢免大司马一职是在绥和二年（前7年）的十一月。但实际的免职时间可能是同年六月左右（《资治通鉴》卷三三记载为七月）。师丹也因忤逆哀帝，于哀帝即位的第二年，即建平元年（前6年）四月遭到罢免。建平二年（前5年）四月，在丞相朱博的提议下，恭皇太后进为帝太太后，恭皇后进为帝太后。建平四年（前3年），帝太太后终于得到了"皇"字，称为"皇太太后"（帝太后丁姬卒于建平二年六月）。同时，在朱博和御史大夫赵玄的上奏弹劾下，师丹被贬为庶民。

那么，等待王莽的又是什么？根据《汉书·元后传》的记载，建平二年（前5年）四月，几乎在傅太后成为帝太太后、丁姬成为帝太后的同时，有官员上奏，要求哀帝遣王莽与平阿侯王仁（王谭长子）就国，理由是王仁窝藏杀害成帝子嗣的赵昭仪的亲属。丞相朱博也参与了这次上奏。根据《汉书·王莽传上》记载，朱博奏曰："王莽之前不肯推广'尊尊之义'，贬抑太后尊号，有损孝道，论罪当诛。虽然侥幸得到赦免，但不配拥有爵

位和土地，请将其贬为庶民。"[9]哀帝曰："王莽为
太皇太后（元后）亲属，不要免官，遣其就国。"就这
样，王莽被排挤出权力核心，不得不以新都侯的身份前往
南阳郡新野县就国。《汉书·元后传》中有这样一句对王
莽、王仁就国的评价："天下多冤王氏。"

这一年，王莽四十一岁，正值壮年。

新野就国

王莽在南阳郡新野县都乡（《后汉书·郡国志》记
载为东乡）拥有一千五百户封邑；并在哀帝即位后，卸任
大司马时又被加封了南阳郡棘阳县（根据《后汉书·郡国
志》记载，隶属于新野县）黄邮聚的三百五十户封邑；共
计一千八百五十户。以下，笔者将参考宇都宫清吉的《汉
代社会经济史研究》，简述列侯的经济状况。

列侯的封地称为"侯国"，侯国长官称为"相"，
通常由朝廷委派的官员担任，级别相当于一县之"令"
或"长"。列侯享有在领地内征收租税和役使百姓的权
利，而领地内的行政权、司法权和军事权则掌握在侯国之
"相"的手中。

列侯的收入来源主要为三十分之一税率的田租、山
泽税、商税，等等。西汉时期的人头税"算赋"和针对土
地、房屋、财产、奴婢和交通工具等财产征收的"訾算"

被称为"赋"，均以货币形式征收，用以充当国家皇室的经费和军费等，不属于列侯收入来源。田租等税收由侯国的"相"负责征收，归列侯所有。

那么，当时王莽具体的租税收入为几何？司马迁在《史记·货殖列传》中提到："岁率户二百，千户之君则二十万。"王莽当时封邑一千八百五十户，按照这个比例计算的话，年收入约为三十七万钱。以主要农作物的价格进行粗略换算，那么汉代的一钱约相当于今天的180日元，王莽的年收入即约为6000万日元。[10]这在今天的日本也是一笔可观的收入。

当时，列侯的收入来源不止租税。根据史料记载，他们还积极地开垦领地内的可用土地。比如，王莽叔父、红阳侯王立就曾指使手下宾客勾结南郡太守李尚，占据开垦数百顷草田（颜师古注云："草田，荒田也"）（译者注：见《汉书·孙宝传》）。被圈占的土地中还包括少府批准农民使用的陂泽，以及周边已被农民开垦的田地。王立把这些土地据为己有之后上书，称愿意以普通土地价格卖给政府。最终获得批准，王立从中赚取了超过一亿钱的差价。后来孙宝告发此事，李尚锒铛入狱并死在狱中，王立虽然因家世背景而未被问罪，但也因此失势。王商死后，大司马一职原本应由王立接任，但皇帝最终选择王立之弟王根。是否王莽也有类似行径，目前不得而知。但在当时，列侯跟所谓豪族集团一样拥有大量土地，并大肆进行收购兼并贫农土地、开发私田等土地经营活动。

言归正传，王莽首次经历官场失意，离开都城前往封国，再次返回京师已是三年之后。那么在这三年中，王莽心境如何，又对哪些问题进行了思考？这些疑问对于理解王莽后来的行为至关重要。然而，与此有关的史料却非常有限。因此在下文中，笔者需要结合仅有的史料进行合理推测。

首先要提到的是王莽次子王获杀奴事件。根据《汉书·王莽传上》记载，王莽当时"杜门自守"，似乎过着安分守己的生活。但他的儿子王获，大概因为习惯了都城的灯红酒绿而对冷清的乡村生活感到心烦，竟犯下杀奴之罪。至于王获杀的是家奴还是别人家或者官家奴？杀奴的原因为何？这些问题的答案无从得知。

汉代的奴隶主杀害家奴，会受到何种刑罚？虽然这个问题也没有明确答案，但通过若干事例可知：如果奴隶有错，且奴隶主已向官府检举，那么就不会被问罪，但擅自杀奴的确会受到相应处罚。唐代擅自杀奴者须服一年劳役。东汉光武帝曾于建武十一年（35年）颁布有关奴婢的诏令（译者注：见《后汉书·光武帝纪下》）。李鼎芳在《王莽》一书中根据诏令中"天地之性人为贵，其杀奴婢，不得减罪"一句，判断在王莽的时代，杀害奴婢可以罪减一等，免除极刑。同时他还指出，在可以减罪的情况下，王莽仍然逼迫王获自杀，无论是真有此意还是故作姿态，其目的都是为了笼络人心。也就是说，李鼎芳认为王莽的行为是出于利己的目的。

虽然王获杀奴一事的细节不得而知，但对于王莽来说，想必事态非同小可。他严厉责备王获，并命其自杀谢罪。站在王莽的角度来看，在自己被迫就国、王氏一族明显处于劣势的关键时期，决不能给反对势力留下任何可乘之机。因此，王莽逼死骨肉不是出于憎恨，而是为了避免给王氏一族带来灭顶之灾，不得已牺牲次子一人。对王莽的为人持批评态度的人通常都诟病他逼死亲生骨肉而无动于衷，但笔者认为事实绝非如此。

还有一例，可以看出当时的知识分子对待奴隶的态度。根据《后汉书·刘宽传》记载，刘宽做客时听到主人责骂仆役是"畜产"（译者注：即畜生），便担心仆役会寻短见，并派人留意，还对周围的人说："此人也，骂言畜产，辱孰甚焉。故吾惧其死也。"光武帝有关奴婢的诏令所引用的"天地之性人为贵"这句《孝经》中的教诲，显然铭刻在儒雅的刘宽心中。后来，王莽颁布王田制，以奴婢为"私属"并禁止买卖。这不仅体现了其儒家思想，想必还与其子杀奴一事有关。

王莽在隐居新都侯国时，曾宠幸怀能、增秩和开明三名侍女。后来，怀能生有一子王兴，增秩生有一子王匡、一女王晔，开明生有一女王捷。可是，王莽在重返京师时，把他们都留在了新都国。班固认为，王莽这样做是

"以其不明故也"。颜师古解释称，三名侍女可能与他人有染，所以无法辨明这些孩子究竟是否为王莽所生。不过，后来王莽把这四名子女都召至长安。

那么，王莽在就国期间曾经与哪些人有过往来？唯一可考的是孔休。

南阳郡太守考虑到王莽曾出任大司马，是一位重要人物，便从自己的门下掾中选出孔休，任命其为"守新都相"。当时负责与太守议事的重要机构叫作门下曹（相当于今天日本的"课"）。门下掾是门下曹长官（相当于"课长"）。汉朝郡县各官职除了中央派来的官员以外，其他均由本地人士担任。孔休也是南阳郡郡府宛县中当地豪族的一员。"守新都相"的"守"字意味这是一个临时官职。虽然侯国的"相"通常由中央指派，但汉代郡太守有权酌情任命有能力的下属临时担任县级长官或副长官，为加以区别，其官职前会冠以"守"字。

新都国相孔休面见王莽，王莽素闻孔休之名，以礼相待；而孔休也十分殷勤，有问必答。某日，王莽卧病在床，孔休特意前来探望。对于孔休的好意，王莽感到很高兴，便赠送玉器、宝剑等物，试图与其交好，但孔休却不肯接受。王莽说："君面有瘢，美玉可除，于是赠此玉瑑（雕刻着凸起花纹的玉饰）。"[11]说着便解下宝剑上的玉瑑，再次送给孔休。但孔休再次推辞。王莽又说："想必是嫌它太贵重了。"接着把玉瑑击碎包好送给孔休。孔

休这才接受。然而，王莽在返回京师之前想与孔休再见一
面，孔休却托病不见。可见其对王莽已好感尽失。这究竟
是为何？要回答这个问题，就必须了解当时的南阳社会。

南阳豪族

《后汉书·卓茂传》中有一些描述可以看出孔休的
为人。卓茂跟孔休一样，都是南阳郡宛县人，其祖父和
父亲曾担任郡太守，可谓名门世家。汉元帝时，孔休曾
到太学学习《诗》、《礼》和"历算"等，学成后曾在
丞相孔光的丞相府担任属官，后来历任黄门侍郎、河南郡
密县县令。在卓茂任县令时，王莽被召回长安，不久之后
执掌朝政。王莽设置负责农业振兴的大司农六部丞一职，
并任命卓茂为京部丞。在王莽摄政之后，卓茂托病归隐故
里。而到了新莽时期，卓茂再次出仕，担任南阳郡门下掾
祭酒——即首席门下掾，成为左右郡政的重要人物。其后
光武帝即位，卓茂官至太傅，被封为褒德侯。从以上史料
可以看出，卓茂与王莽乃同时代之人。

根据《卓茂传》末尾的记载，卓茂、孔休、陈留郡蔡
勋、安众侯刘崇堂弟刘宣、楚国龚胜和上党郡鲍宣六人都
因拒绝为王莽政权服务，成了当时的名士。在上述记载之
后，有这样一段关于孔休的叙述："孔休字子泉，哀帝朝
初期任守新都令（东汉时期，王莽的侯国新都被改为县，

因此称为新都令），在王莽秉政后辞官归隐故里。其后王莽篡权，派使者以玄纁束帛（延聘贤士时使用的红黑色布帛）赠孔休，请其出任国师。孔休呕血托病，闭门不出，并与王莽绝交。"[12]王莽政权覆灭后，光武帝对上述六人的行为给予高度评价，还对六人及其子孙进行表彰。除六人之外，还有一些与王莽政权保持距离并于王莽在位期间隐退的人士。有关这些人的情况将在后文进行讨论，本章节将着重介绍卓茂和孔休。

　　卓茂与孔休出身于南阳郡名门世家。中兴汉室的光武帝刘秀也出身于南阳郡蔡阳县舂陵（今湖北省枣阳市南）。另外，追随光武帝，为建设东汉王朝尽心尽力的人士之中也有很多人来自南阳郡。从西汉末年到东汉时期，孕育出很多名儒的南阳郡究竟是一块怎样的土地？以下，笔者将参考宇都宫清吉的论述，对南阳郡的发展史进行简略介绍。

　　秦朝末年，大量移民被强制遣送到南阳郡的同时，也给这片土地带来生机。这些移民中有很多游侠和商人，这虽然导致南阳郡的中心宛县鱼龙混杂，但并不影响这里成为一个充满活力的地方。南阳郡西接长安，东通江淮，是重要的交通要道，商业极其繁荣。当地设有工官和铁官，手工业和冶铁业逐渐成为重要产业。孔休的祖先是冶铁名家，同族孔僅还曾出任武帝朝的财政官员。除了发达的商、工业之外，大规模的土地开发也是西汉时期南阳郡的

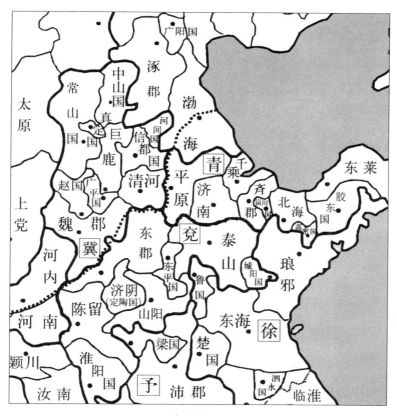

山东地域扩大图

经济发展特征。

汉代每年八月都会实施"案比"——相当于今天的人口普查，以此确认并调查全国的居民情况与户口数量。调查结果由朝廷保管，如今也可以在《汉书·地理志》等资料中看到。劳榦曾基于户口调查结果对人口密度等问题进行研究。其成果表明，在前揭《西汉州郡图》中，以临淮郡为起点，自东向西相接的沛郡、南阳郡和蜀郡一带是当年的开发前沿地带。当然，所谓的开发前沿，是以居住在黄河流域中原地区的汉族为主体的说法。不过，毕竟当时政治文化中心位于中原地区，所以这种观点基本成立。至于上述四郡以南地区则主要被异族控制。宇都宫清吉认为，四郡南邻诸郡为开发前沿第一线；四郡为第二线，是开发最如火如荼的地区。

宛县西南方有一个叫穰县的地方。据说汉武帝时期，当地人宁成拥有上千顷田地（一顷约为458公亩，是一户小农户的标准耕作面积），雇佣几千户贫民为其耕作；南阳的湖阳县也有一个大地主樊重，拥有多达三百顷庄园；刘秀所属的刘氏一族也拥有大约三百顷土地。王莽侯国所在地新野县有一阴氏豪族，开垦土地约七百亩，后来的光武帝皇后阴丽华正是阴氏后代。在阴氏一族中流传着这样一个传说：宣帝时期，先人阴子方为人至孝，与人和善。有一次，他在腊日（冬至后第三个戌日，祭祀祖先与神灵）的清晨生火煮饭，这时灶神显灵，为其赐福，于是他以黄羊祭祀。从那之后，阴家突然积累巨额财富，拥有多达七百余顷田地。阴子方经常说："我子孙必将强大。"到了第三代子孙阴识的时候，阴子方的话果然应验。于是自阴子方以来，阴氏一族每逢腊日必以黄羊祭祀灶神。

这个传说见于《后汉书·阴识传》，是研究灶神习俗的重要资料。不过这里更需要注意的是，传说发生在宣帝朝（前74—前48年）。也就是说，这个传说可以证明，南阳郡的土地开发自宣帝朝起进入了第二阶段。根据《汉书·食货志》的记载，从昭帝（前86年—前74年在位）时起，土地开垦已在全国陆续展开。宣帝朝的南阳太守召信臣在汉阳郡开发中功不可没。他兴修水利，制定用水规则并对农民加以督导，开垦田地多达三万顷。召信臣活跃于公元前50年至前40年，因此有理由相信，樊重（以八十岁高龄死于公元元年前后）开垦田地三百顷、宣帝时积累巨额财富的阴子方拥有田地七百顷，公元前40年左右移居春陵的刘秀祖先开垦田地三百顷，这些无一例外都得益于召信臣的土地开发政策。

虽然土地规模不同，但南阳名门几乎都是拥有大量土地的豪族。反感王莽的卓茂与孔休也是这些豪族的一员。他们于公于私都没有与王莽建立亲睦关系，这或多或少与王莽积极推行限田政策有关。其次，也许是因为王莽的外戚高官身份。对于地方豪族出身的儒家官员来说，虽然尊重皇室外戚符合儒家教义，但外戚主政，架空皇权，并不是理想的政治形态。更何况在现实中，外戚经常违法乱纪，并在加官晋爵等方面享受过度优待。儒家官员对之自然是深恶痛绝的。

南阳郡等开发前沿地带进行如此大规模的土地扩张，当然就需要大量从事农耕工作的劳动力。这些劳动力从何而来？汉武帝时期的董仲舒一语道破当时的社会现状："富者田连阡陌，贫者亡立锥之地。"（译者注：见《汉书·食货志》）在富者（大地主）的压迫下，走投无路的华北地区的贫者们（小农、佃农）蜂拥南下，在开发前沿地区作为奴隶或佃农，从事农田开垦和耕作等工作，从而满足当地的劳动力需求。相关史料记载了樊重是如何经营庄园的："役使童（僮）、奴，各尽其用，提高效率，上下合力，财利逐年倍增，开垦田地三百余顷。"[13]这里的"童（僮）隶"指的就是土地经营活动中使用的奴隶。可见樊重也蓄养大量奴隶用以农耕。但是，在进行大规模土地耕种时，如果仅以奴隶作为劳动力，无论是在成本还是在管理方面都不合算。因此地主应该还雇用了大量的佃农。当时，南阳郡应该有一些拥有自己土地的农户。也许其中一部分农户仅靠自己的土地无法维持生计，于是不得不成为大地主家的佃农。

这些农户与大地主之间不仅是佃农与地主的关系，往往还向大地主借取高利贷，背负巨额债务。据说樊重在临终前给儿子们留下遗言，将贷出的数百万钱债务一笔勾销。欠债的农民们得知后羞愧难当，纷纷前去还钱，但樊家没有接受。王莽的低息赊贷政策的灵感，也许就来自他对南阳社会的观察。

当时王莽的侯国应该与南阳郡其他地区的情况相同。从其次子王获杀奴事件推测，王莽家中很有可能也有不少奴隶，同时也有可能开垦经营了很多除封邑土地之外的私有田（即名田）。另外，想必王莽也目睹了新野县阴氏一族进行的大规模土地经营。生于公元二世纪中期的崔寔在《政论》中有这样一段描写[14]："上家坐拥亿万家财，田产堪比王侯，他们贿赂官员，扰乱朝政，滥杀无辜。……于是下户无立锥之地，父子相继为奴，侍奉上家，举家上下，为其服役。上家穷奢极欲，下户却代代为奴，仍不能温饱。……遇到凶年饥岁，等待他们的就是颠沛流离，嫁妻卖子的命运。"[15]上家即拥有大量土地的豪族，下户即佃农。

与王莽所处的时代相比，崔寔眼中的地主与佃农的贫富差距进一步扩大。健全的小农群体既是国家税收的来源，也是支撑汉王朝的根本。但他们却在时代的洪流中逐渐没落。到了王莽所处的时代，这一趋势愈演愈烈，无法遏制。王莽在目睹这一社会现状时想到了什么？想必这些在长安无法亲眼得见的地方社会现状，给他日后构思王田制等社会政策提供了一些方向。

译者注：

　　[1]《汉书·史丹传》："其后，中山哀王薨，太子前吊。哀王者，帝之少弟，与太子游学相长大。上望见太子，感念哀王，悲不能自止。太子既至前，不哀。上大恨曰：'安有人不慈仁而可奉宗庙为民父母者乎！'上以责谓丹。丹免冠谢上曰：'臣诚见陛下哀痛中山王，至以感损。向者太子当进见，臣窃戒属毋涕泣，感伤陛下。罪乃在臣，当死。'上以为然，意乃解。"

　　[2]胶东王即汉武帝刘彻。刘彻非嫡长子，先被立为胶东王，后来才被立为太子。

　　[3]事见《汉书·哀帝纪》："元延四年入朝，尽从傅、相、中尉。时成帝少弟中山孝王亦来朝，独从傅。上怪之，以问定陶王，对曰：'令，诸侯王朝，得从其国二千石。傅、相、中尉皆国二千石，故尽从之。'上令诵诗，通习，能说。他日问中山王：'独从傅在何法令？'不能对。令诵尚书，又废。及赐食于前，后饱；起下，韈系解。成帝由此以为不能，而贤定陶王，数称其材。"

　　[4]《汉语大词典》："元服：指冠。古称行冠礼为加元服……冠礼：古代男子二十岁（天子、诸侯可提前至十二岁）举行的加冠之礼，表示其成人。"

　　[5]《汉书·王莽传上》："又遣丞相孔光、大司空何武、左将军师丹、卫尉傅喜白太后曰：'皇帝闻太后诏，甚悲。大司马即不起，皇帝即不敢听政。'"

[6]《汉书·王莽传上》："莽案行，责内者令曰：'定陶太后藩妾，何以得与至尊并！'"

[7]《汉书·哀帝纪》："睹孝成世禄去王室，权柄外移，是故临朝娄诛大臣，欲强主威，以则武、宣。"

[8]《汉书·师丹传》："定陶共皇太后、共皇后皆不宜复引定陶蕃国之名以冠大号，车马衣服宜皆称皇之意，置吏二千石以下各供厥职，又宜为共皇立庙京师。"

[9]《汉书·王莽传上》："莽前不广尊尊之义，抑贬尊号，亏损孝道，当伏显戮，幸蒙赦令，不宜有爵土，请免为庶人。"

[10]按照2003年的平均汇率0.0714换算，6000万日元约等于人民币428万。

[11]《汉书·王莽传上》："诚见君面有瘢，美玉可以灭瘢，欲献其璆耳。"

[12]《后汉书·卓茂传》："休字子泉，哀帝初，守新都令。后王莽秉权，休去官归家。及莽篡位，遣使赍玄纁、束帛，请为国师，遂欧血托病，杜门自绝。"

[13]《后汉书·樊宏阴识列传》："课役童隶，各得其宜，故能上下戮力，财利岁倍，至乃开广田土三百余顷。"

[14]原书写作佚文，《汉语大词典》释义：散失的文辞或篇什。

[15]《通典·食货一·田制上》引崔寔《政论》："上家累巨亿之赀，斥地侔封君之土，行苞苴以乱执政，养剑客以威黔首。专

杀不辜……故下户踦岖，无所跱足，乃父子低首，奴事富人，躬帅妻孥，为之服役。故富者席馀而日炽，贫者蹑短而岁踧……岁小不登，流离沟壑，嫁妻卖子。"

重返京师

傅氏与董贤

在哀帝即位之后,随着王氏一族势力衰退,傅太后越发骄横跋扈。她当面称元后为"妪"(老妇),还以诅咒之罪构陷并逼死曾一同侍奉元帝、与其积怨颇深的中山王母亲冯太后(平帝祖母)。建平四年(前3年)六月,傅太后的尊号被进为皇太太后。第二年,即元寿元年(前2年),傅太后死去。尽管元帝正宫皇后为王皇后,但傅太后死后仍得以与元帝合葬渭陵,称"孝元傅皇后"。(译者注:事见《汉书·外戚传下》)

在王莽离开朝廷,前往封国的这段时期,王氏一族已无力压制专横跋扈的傅氏。不过,根据《汉书·孙宝传》记载,司隶(哀帝改司隶校尉为司隶)孙宝曾对傅太后逼迫冯太后自杀一事进行调查。傅太后大怒,责难哀帝道:"皇上设置司隶,难道是专门为了监视我吗?"于是哀帝把孙宝打入大牢。对此，尚书仆射唐林、大司马傅喜、光禄大夫龚胜等人表示强烈反对。可见当时朝中仍不乏正义之士，其中唐林后来还归顺于王莽政权。

在傅氏一族中，傅喜和傅晏时任大司马。傅喜秉性善良，在王莽掌权后保全了性命。而哀帝皇后傅氏之父傅晏为人多权谋，曾与息夫躬合谋取得大司马卫将军之职，但不久便遭到罢免。另外，前文也提到，傅晏曾与朱博、赵玄合谋弹劾师丹、孔光、傅喜等人。朱博在事情败露后自杀，而傅晏的背后有傅太后这座靠山，所以仅被削减了四分之一封邑而已。然而，在王莽掌权之后，傅晏与妻儿均被流放合浦。根据《汉书·外戚传》记载，虽然哀帝朝的外戚暴兴，傅氏一族尤为专横跋扈，不过由于哀帝没有赋予傅氏、丁氏过多权力，因此仍然无法与成帝朝专权自恣的王氏一族相提并论，反而是得到哀帝宠爱的董贤把持了大部分朝政。

董贤乃云阳人，其父董恭曾任御史，在哀帝尚为皇太子时，董贤以父任（父亲担任高官，其子弟以其庇荫而获得官职）出任太子舍人。在哀帝继位之后，董贤入朝成为郎官。他容貌端丽，受到哀帝关注，被封为黄门郎。此后，哀帝对董贤的宠爱与日俱增，甚至同寝同食。董贤的妻子还被批准自由出入宫中；董贤的妹妹被立为昭仪，地位仅次于皇后；董贤之父董恭升任少府，位列九卿之一，受赐关内侯爵位和食邑；董贤岳父成为将作大匠（掌管官殿与帝陵的修缮）；董贤妻弟被封为执金吾（掌管京师警卫）。哀帝还在未央宫北门前的绝佳地段为董贤修建豪宅，在自己的寿陵（生前建造的陵墓，即哀帝义陵）附近为董贤营造墓地。其对董贤的痴迷由此可见一斑。根据《后汉书·桓谭传》记载，哀帝皇后的父亲傅晏因此整日焦灼不安，这时桓谭劝说傅晏践行"修己正家"之道，傅晏听从了桓谭的意见，于是傅氏一门在哀帝朝得以保全。

深受哀帝宠爱的董贤被封为高安侯，官至大司马。不过，封侯需要恰当的理由。建平四年三月，东平王刘云与王后被孙宠、息夫躬等人诬告诅咒哀帝之罪。在哀帝的授意下，孙宠等人谎称是董贤告发，把功劳算到了董贤的头上，以此为由，强行封侯。元寿元年（前2年）三月，丞相王嘉向哀帝进谏，称东平王一事可能是件冤案，并批评董贤祸乱朝纲。王嘉因此获罪，最后死在狱中。封侯之后，董贤又被任命为大司马。时任大司马的原本是傅太后的堂弟傅喜。傅喜因屡次就尊号问题向傅太后进谏而被免官，大司马一职便由哀帝的舅舅丁明继任。

丁明并无失职，只因对王嘉之死感到惋惜，便触及哀帝逆鳞，也于元寿元年九月遭到罢免。同年十一月，韦赏（大司马车骑将军）接任，却在同月死去。十二月，董贤接替韦赏，出任大司马卫将军。此时董贤仅有二十二岁，他虽然位列三公，却常侍皇帝左右，领尚书事，百官上奏必须经由董贤之手。另外，当时任命董贤的诏书还引用了一句"允执其中"（出自《论语·尧曰》，是尧帝在禅位于舜时说过的话）。

　　董贤所受宠爱日甚一日，王氏一族的颓势也到了无以复加的地步。元寿元年二、三月，王莽返回京师。当时，王莽的诸伯父中只有王根和王立二人在世。不久之后，王根也撒手人寰。此时王氏一族无人在朝中身居高位，只有平阿侯王谭之子王去疾在哀帝为太子时侍奉左右，并在哀帝即位后成为侍中骑都尉。哀帝念及旧情，亲近王去疾，并任命其弟王闳为中常侍。王闳岳父萧咸即萧望之之子。董贤之父董恭仰慕萧氏门第，打算与其结为姻亲。于是王闳替董贤之弟、驸马都尉董宽信做媒，请求萧咸嫁女。萧咸非常惶恐，没有答应，并私下对王闳说："册封董贤为大司马的诏书引用的'允执其中'与尧舜禅让有关，在以往任命三公的文书中从未得见。年长者见此文无不胆战心惊。董氏一族的姻亲，可不是我们这种普通人家做得了的。"王闳向董恭转达了萧咸自谦之意。董恭不悦，说道："我董家何负天下？天下人却如此畏惧我董家！"

　　某日，哀帝在麒麟殿摆酒设宴，董贤父子及其亲属出席宴会，王闳兄弟也以侍中、中常侍的身份侍奉君侧。酒过三巡，汉哀帝笑着对董贤说："吾欲效法尧舜禅让，如何？"这时王闳进言："天下乃高祖皇帝的天下，非陛下所有。陛下上承宗庙，只应传于子孙，使皇位世代相继。帝王之业至重，天子无戏言。"汉哀帝沉默不语，左右皆惊慌失措。王闳随即被哀帝赶出殿外，从此无法侍宴。此事见于《汉书·董贤传》。

哀帝为何出此戏言？笔者推测，下文中的这件事应该对其内心产生了极大影响。

再受天命之策

此事发生在汉哀帝建平二年（前5年）六月。根据《汉书·李寻传》的相关记载，成帝尚在位时，齐郡（今山东省淄博市周边地区）的甘忠可伪造《天官历包元太平经》十二卷（译者按：中华书局点校本《汉书》以天官历、包元太平经为二书，今依日文原文译出），公然宣称："汉家气数已尽，应该重受天命。天帝派遣真人赤精子，将此道传授于我。"[1]甘忠可将此书传授给渤海郡重平县（今山东省宁津县附近）夏贺良、东海郡容丘县（今江苏省徐州市邳州一带）丁广世和东郡（今河南省北部与山东、河北省交界处）郭昌等人。此时，刘向上奏称甘忠可假托鬼神，妖言惑众。甘忠可因此下狱，最后病死狱中。夏贺良等人虽然因学习甘忠可之书而被以不敬罪论处，但后来仍私相传授。

哀帝即位之初，司隶校尉解光因通晓经书和灾异之事受到皇帝器重而得势，得以向哀帝讲解甘忠可所作之书。哀帝征求刘歆的意见，刘歆认为此书不合五经，不可施行。不过，在曲阳侯王根的推荐下得以待诏的李寻也喜欢这类书籍。同时，长安令郭昌也劝说李寻帮助夏贺良等人。于是，李寻为夏贺良等人进言，使其得以待诏黄门（即在黄门等待皇帝诏令的候补官僚）。夏贺良等人数次受到哀帝召见，借机陈说己见："汉室中衰，应该重受天命。成帝不顺应天命，因此绝嗣。现在陛下久病，灾异频生，这是上天在向人发出警告，应该马上改元易号。如此，陛下便可以延年益寿，绵延子嗣，平息灾异。如果'知道'却不'行道'，就会招致灭顶之灾：洪水泛滥、火灾肆虐，涤荡人间。"[2]哀帝长期卧病在床，便宁信其有，遂听从了夏贺良等人的建议。哀帝下诏大赦天下，并以建平二年为太初元将元年，号曰陈圣刘太平皇帝。然而，下诏月余，病情丝毫未见好转。尽管夏贺良奏言大臣不知天命，应让解光、李寻辅政，但哀帝仍以失验为由，将夏贺良等人交由有司处理。最终，夏贺良等人皆入狱伏诛。

如果不了解盛行于汉代的灾异说，恐怕很难理解上述内容。人世间会发生各种各样的自然灾害，比如蝗灾、洪水，等等；同时，自然界还会发生异象，比如日食。在灾异说中，前者被称为"灾"，后者被称为"异"。在古代中国，很早就已经产生了有关"天"的思想。人们认为有一个主宰人间乃至整个世界的绝对存在，这个最高主宰被称为"天帝（上帝）"。天帝会对社会与国家进行监督，其意志也会左右社会与国家的命运。这种思想被称为"天人合一"或"天人相应"。因此，人们视自然界的灾害和异变为天帝意志的体现，认为灾害、异变与世间的事件存在某种关联。这种观点称为灾异思想。武帝朝的董仲舒将灾异思想融入儒学，开创了灾异学说。董仲舒基于春秋公羊学思想，在为专制国家提供理论依据方面发挥了很大作用。另一方面，他也利用灾异学说抑制专制君主的肆意妄为，主张君主如果不实行善政，上天将引发灾害进行警告（谴告）；这时如果君主还不进行反省，就会出现异象（警告）；如果仍不改正，将会亡国。

董仲舒的灾异说在汉朝具有巨大的影响力。哀帝之所以会听信夏贺良等人之言，也是因为这种神秘主义思想在当时有极强的规制作用。这里需要注意的是，就连哀帝本人也认为汉王朝已被天命抛弃，需要重受天命。也就是说，正统的皇帝也意识到汉王朝正在丧失统治中国的合法性。由此可见，当时社会矛盾、社会问题的严重程度。

这种灾异说与祥瑞说（主张善政会导致祥瑞现象发生，着眼点与灾异说相反）相结合，脱离董仲舒的原本意图，逐渐形成一种具有预言性质的灾异思想，即谶纬思想。符命、图谶、纬书被赋予象征天命的意义，最终成为一种政治工具。

社会动荡与西王母信仰

在向哀帝提出的再受天命之策中，夏贺良等人主张：“如果‘知道’却不‘行道’，就会招致灭顶之灾：洪水泛滥、火灾肆虐，涤荡人间。”佐藤武敏在其大作《中国灾害史年表》中指出，根据史料记载，从元帝时期起，自然灾害逐年增加，到了成帝时期，关东、关中地区的洪涝灾害尤为突出。

有一则与洪水有关的故事颇值得玩味。汉成帝建始三年（前30年）秋，长安所在的关中地区发生洪灾。七月，渭水之滨的虒上有一少女陈持弓，听说洪水将至，闯入长安城横门（长安城北城墙西侧大门），穿过尚方（负责制作宫中所用器物）边门，直至未央宫的钩盾（执掌京师附近园苑）中。听到陈持弓的呼喊，官员和平民百姓吓得纷纷涌上了城墙。少女之名陈持弓被当作是王莽将入主未央宫的预言，更巧的是，少女的“陈”姓也被用在哀帝帝号“陈圣刘太平皇帝”之中。总之，当时不仅这名少女，就连众多官员和百姓也因畏惧洪水而陷入恐慌。由此可见，对于当时的人们来说，自然灾害令人何其恐惧。

成帝于九月就此事下诏曰：“最近，郡国发生洪灾，遇难百姓数以千计。京师中无故谣传大水将至，使官民在恐慌之中爬上城墙。这说明官员残害百姓的行为未绝，遭受冤屈而失业的百姓尚多。现在特派谏大夫林等巡行天下。"[3] 成帝的诏书把洪水这一自然灾害与政治联系在一起，是一种基于天人相应的灾异思想。换句话说，成帝认为导致灾害发生的是地方恶政。

事实上，有很多关于成、哀帝时期，地方失政、百姓生活难以为继的现状的批评。根据《汉书·鲍宣传》记载，鲍宣曾于哀帝朝初期上奏"七亡七死"之论。"七亡"指由阴阳失和所导致的水灾与旱灾、国家的重税、豪族对农民的剥削等损害百姓生命和财产的问题。而比"七亡"更严重的，是酷吏、苛政、冤狱、盗贼横行、仇敌相残、凶年等。这些被称为"七死"，即指百姓垂死挣扎的现状。鲍宣认为，上述现象的罪魁祸首是一味追求个人利益的中央、地方官员。

汉成帝时期，地方恶政诱发了多起叛乱。现举若干具体事例如下：

阳朔三年（前22年），颍川郡铁官徒[4] 申屠圣等一百八十人，杀死郡守，自称将军；

鸿嘉三年（前18年），广汉郡郑躬等六十余人起义，自称"山君"；

永始三年（前14年），河南郡尉氏县樊并等十三人起义，山阳郡铁工苏令等二百二十八人起义，自称将军。

　　发起叛乱的多是从事冶铁的劳动者。这可以说明，当时被迫投身于冶铁劳动的犯人、流亡农民等劳动者的生活何其悲惨。除了这些针对国家发动的叛乱起义之外，与西王母信仰有关的骚乱事件，也是说明民众对社会不安的重要佐证。

　　哀帝建平四年春，发生大旱，关东民众执西王母筹（筹，即古代占卜、计算用具）行于天下，经由郡国，西入关，直至京师长安。根据《汉书·哀帝纪》的记载，民众举行集会祭祀西王母，还有人在晚上持火上屋，打鼓呼喊，使人惊恐。《汉书·五行志下之上》中有关于此事的详细记载。现引用小南一郎《西王母与七夕传说》中的译文如下：

　　哀帝建平四年正月，民众如被上身一般受惊奔走，手中持着一根稿秆或梗（麻秆）相互传递，称之为"行诏筹"。这些人在路上往来聚集，多达数千人。有人披头散发光脚行走，有人夜里冲破门闩，有人翻墙闯入人家，还有人乘车骑马奔驰。他们辗转于驿站之间，行经二十六郡国才到达京师。这一年夏天，京师、郡国民众在街巷、小路举行集会，设置祭祀和六博（译者注：一种古代博戏）器具，载歌载舞，祭祠西王母。还有人传达书信，其文云："西王母告天下百姓，携此书信者可不死。如不信我言，可去看门枢之下，当有白发。"这场骚乱直到秋天，才得以平息。[5]

　　《五行志》这段记载之后，有一段杜邺的解说。杜邺指出，这场与西王母信仰有关的骚乱是上天降下的"异"，其原因是傅太后的骄奢和皇后丁氏一族的专权。《五行志》中还记录着另一种说法："一曰：'丁氏、傅氏之乱为小，此异乃应王太后与王莽而生。'"这个说法既可以理解为对元后和王莽的批评，但换一个角度解释的话，也可以理解为把元后比作西王母之意。

　　后来翟义叛乱，王莽效仿《周书》撰写《大诰》，文中有云："太皇太后有元城沙鹿预言之庇佑，月入腹中之祥瑞，顺应天命成为元帝之后，成帝之母，兴我天下，于是获西王母之应、神明之证。"[6]另外，王莽在新莽建立之后不久，利用符命把元后的汉朝尊号"太皇太后"改为"新室文母太皇太后"。王莽在诏书中称："伏念上天，以我为子。改太皇太后尊号为'新室文母太皇太后'，正合新旧王朝交替之际。哀帝朝，世间出现'行诏筹'，祭西王母之祥瑞。太皇太后当为历代之母，昭然可见。"[7]

　　小南一郎认为，在以西王母为至高无上者的固有信仰逐渐解体、淡化的过程中，与西王母信仰有关的骚乱起到了重要作用；西王母从这一时期开始，逐渐成为各地民众心中的神明；或者说以全新的面貌出现在民众面前，而这种新体现在很多方面——比如原本既是男性神也是女

性神的西王母分裂为西王母和东王公二神。小南一郎还
指出，二神在东汉时期扎根于民众的日常生活，这一点
在镜铭、买地券（译者注：古代至于墓中的地契）等与
日常生活、习俗有关的文物中均有体现。如果结合小南
一郎的观点，思考王莽撰写《大诰》的意图的话，也许
可以做出如下假设：

西王母·周公辅成王画像石图

王莽为了使其与元后在元始、居摄年间的共同执政更具合法性，利用了哀帝时期的西王母信仰。换句话说，他利用这一时期逐渐形成的东王公、西王母二神对自身与元后进行神化。从这一角度思考的话，1978年山东省嘉祥县出土的四层画像石颇有意义。画像石的第一层是西王母坐像，第二层描绘了周公辅佐周成王的故事。虽然画像石的制作年代和图像含义有待进一步讨论，但如果类似构图在西汉时期已较为人知的话，那么，王莽撰写《大诰》的意图之一就是使人们意识到西王母与元后、周公与王莽的对应关系。

总之，这场与西王母信仰有关，让人联想到日本幕府时代末期的民众骚乱"ええじゃないか"（译者注：1867年发生于日本近畿等地的民众乱舞骚动。人们高喊"ええじゃないか"等歌谣载歌载舞，走街串巷，通常被解释为一种呼吁社会改革的民众运动）的骚动，是一场民众的狂欢（orgy）。当时的民众似乎一方面本能地感受到一个时代即将终结，于是渴望被西王母的神力救赎，而另一方面，他们的内心深处似乎也在期待一位现实世界的救世主的出现。

重返京师

　　元寿元年（前2年）元旦，发生日食。哀帝发布诏令，反省自己在执政方面的缺失，在督促官僚勤于政务以使人民安居乐业的同时，命令将军、列侯、中二千石官员推举贤良、方正、能直言者各一名。同月十七日，傅皇太太后死去。

　　傅皇太太后的死，势必对当时的官场产生诸多影响。被推举出来的贤良、方正等人士纷纷向皇帝发表各自的政见（对策）。其中很多人主张把王莽召回京师参政。《汉书·王莽传上》有云："贤良周护、宋崇等对策，深颂莽功德。"官僚及社会各界本就因遣王莽就国这一不当处罚而同情王氏，加之傅皇太太后死去，再无任何顾虑。另外，当时应该有很多人认为，只有出现一位更加强有力的领导者，才能控制哀帝对董贤的过度宠爱所造成的政治混乱和社会恐慌。各贤良对策发生在元寿元年（前2年）。建平二年（前5年）四月，王莽已就国三年。《汉书·王莽传上》有载："吏上书冤讼莽者以百数。"想必在傅皇太太后死后，建议让王莽重返京师的请求更如决堤之水。哀帝无奈，于元寿元年二、三月之间，下令召王莽与其堂弟、平阿侯王仁返回京师，侍奉元后。不久之后，曲阳侯王根离世。此时，王莽诸伯父之中只剩王立一人在世。王立在淳于长死于狱中之时被遣就国，虽然哀帝在即位之后就将其召回京师，但想必对元后来说，当时除王莽之外再无可靠之人。

　　史料没有提及王莽重返京师时的情景，王莽从返回长安到哀帝去世这段时期内的动向也不甚明了。不过，想必在看似平静的水面之下，王氏一族夺权之计正如暗流一般不停涌动，而此时王莽面对的敌人也变成了董贤一派。

译者注：

［1］《汉书·李寻传》："汉家逢天地之大终，当更受命于天，天帝使真人赤精子，下教我此道。"

［2］《汉书·眭两夏侯京翼李传》："汉历中衰，当更受命。成帝不应天命，故绝嗣。今陛下久疾，变异屡数，天所以谴告人也。宜急改元易号，乃得延年益寿，皇子生，灾异息矣。得道不得行，咎殃且亡，不有洪水将出，灾火且起，涤荡民人。"

［3］《汉书·成帝纪》："乃者郡国被水灾，流杀人民，多至千数。京师无故讹言大水至，吏民惊恐，奔走乘城。殆苛暴深刻之吏未息，元元冤失职者众。遣谏大夫林等循行天下。"

［4］铁官徒，指汉朝在铁官从事冶铁生产的罪犯。

［5］《汉书·五行志下之上》："哀帝建平四年正月，民惊走，持稿或棷一枚，传相付与，曰行诏筹。道中相过逢多至千数，或被发徒践，或夜折关，或踰墙入，或乘车骑奔驰，以置驿传行，经历郡国二十六，至京师。其夏，京师郡国民聚会里巷仟佰，设（祭）张博具，歌舞祠西王母。又传书曰：'母告百姓，佩此书者不死。不信我言，视门枢下，当有白发。'至秋止。"

［6］《汉书·翟义传》："太皇太后肇有元城沙鹿之右，阴精女主圣明之祥，配元生成，以兴我天下之符，遂获西王母之应，神灵之征。"

［7］《汉书·元后传》："予伏念皇天命予为子，更命太皇太后为'新室文母太皇太后'，协于新、故交代之际，信于汉氏。哀帝之代，世传行诏筹，为西王母共具之祥，当为历代母，昭然著明。"

第六章

共同执政

汉哀帝之死与汉平帝即位

元寿二年（前1年）六月戊午（二十六日），哀帝于未央宫离世，年仅二十六岁。九月，葬于义陵。接到哀帝离世的消息之后，元后立即前往未央宫，拿到了皇帝玺绶，随后召见大司马董贤询问葬礼相关事宜。董贤无法作答，只会一味地谢罪。于是元后说道："新都侯王莽曾以大司马身份为先帝送葬，通晓典制，可协助你。"[1]董贤还是不停地叩头谢罪。元后召见王莽，赋予其调动军队的符节、听百官奏事的权限、统领中黄门和期门兵[2]的权力，等等。其后，王莽奉元后旨意，命令尚书以董贤在哀帝生病期间不亲力亲为、尽力照护为由对其进行弹劾，并禁止其再次进入未央宫。董贤不知所措，只好前往未央宫正门前脱冠赤足谢罪。在采取了上述措施之后，王莽向元后进言："董贤年少，不得人心，应免其官。"命令使者持元后诏前往未央宫正门，免除董贤职务。当日，董贤与妻子于宅邸双双自杀。

董家上下惶恐不安，悄悄夜葬。王莽怀疑董贤诈死，便假以有司名义，命人打开董贤棺椁，运尸至狱中检验。另外，大司徒孔光还在王莽的授意下上奏称："董贤、董恭父子恃哀帝之宠，大肆敛财、穷奢极欲。在董贤自杀之后，董恭仍然不知悔改，葬礼规格凌驾于皇帝之上。其死罪可免，但不应再居于中土。请没收董家财产，充缴国库，并将董贤任命的官员悉数革职。"于是，董贤之父董恭、弟弟董宽信等家人被流放合浦，董贤之母独自返回钜鹿郡老家。根据史料记载，董家被没收的财产变卖金额高达四十三亿。在验尸之后，董贤的尸体被埋于狱中。董贤亲属及党羽，如落叶般被无情地从官场一扫而尽。从以下记载可以看出其手段之决绝：时任大司马府属吏的朱诩为沛郡人，深受董贤信赖。他见董贤及其一族遭到迫害，便主动辞职，购买棺椁、寿衣，为董贤收尸并安葬。王莽闻之大怒，罗织罪名将其活活打死。朱诩之子朱浮在光武帝朝非常活跃，官至大司空，乃是后话。

就这样，大司马董贤于历史舞台谢幕。元后询问诸位公卿下一任大司马的人选。大司徒孔光和大司空彭宣举荐王莽，前将军何武与后将军公孙禄则互相推荐。最终，元后任命王莽为大司马，随即与其商议立嗣之事（定策）。根据《汉书·王莽传上》的记载，参与定策的还有孔光、王舜、甄邯、甄丰四名王莽的同党和心腹。经商议，王位由中山孝王刘兴与卫姬之子、中山王刘衎继承。刘衎的父亲刘兴是元帝与冯婕妤之子，刘衎为元帝庶孙，是为汉平帝。当时汉平帝只有九岁，因此由元后临朝称制。

根据《汉书·外戚传》的记载，王莽因苦于哀帝朝以傅太后和丁姬为首的外戚干政，便不准平帝母亲中山卫姬及外家入京。卫姬思念平帝，日夜以泪洗面。然而，王莽的这一举措后来导致了一起以其长子王宇为主谋的事件。

由元后全权委任，得以出任大司马的王莽好像在发泄就国时积累的郁愤一般，猛烈地打击政敌，消除潜在威胁。首先，他把成帝皇后即哀帝朝皇太后赵氏和哀帝皇后傅氏贬为庶民，致使二人自杀。王莽憎恶傅氏这不难理解，至于对赵氏下手的理由，多是因为她曾经助傅太后一臂之力，使哀帝成为太子，因此被王氏一族记恨。

其次，哀帝朝的外戚及大臣之中，身居高位而为王莽所不悦者也是其打击目标。孔光女婿甄邯被任命为侍中，成为王莽心腹，负责给打击对象罗织罪名；之后再由甄邯或孔光上奏；最后，由王莽禀告元后，并借元后名义进行惩处。就这样，曾相互举荐、与王莽竞争大司马一职的前将军何武、后将军公孙禄均获罪并被免官；前大司马的丁明被杀；丁氏与傅氏一族当然也无法幸免，均被免除官职与爵位，流放边远地区。尽管哀帝祖母皇太太后傅氏和母亲帝太后丁氏此时已经离世，但王莽仍废除二人尊号，

称傅氏为定陶恭王母，称丁氏为丁姬。此外，还有一个举
动也表现出王莽的执拗。五年后，即元始五年（5年），
王莽以不合礼制为由，破坏傅氏、丁氏陵墓，剥夺二人玺
绶，还把傅太后（定陶恭王母）陵墓从元帝渭陵移至定
陶。尽管元后对此表示反对，但在王莽的固执要求之下，
最后不得不做出妥协，命人在旧棺之外加一层棺椁，营造
坟冢，以太牢[3]祭祀。

元后的权威

前文提到的元、成、哀、平诸帝，均为刘氏血脉。在
通常情况下，皇帝生前会册立皇太子，元帝、成帝朝均如
此，但哀帝朝是个例外。因此，在决定皇位继承人时，元
后就拥有很大的发言权。在平帝即位之后，她又以监护人
的身份临朝称制。元后的这种权威究竟源于何处？

在西汉的政治进程中，第一位拥有巨大政治影响力的
皇后是高祖的皇后——吕后。在高祖去世之后，吕后作为
惠帝朝皇太后权倾朝野。另外，历史上著名的文帝皇后窦
氏在景帝去世之后成为太皇太后，掌握极大的话语权，即
使是武帝，在即位之初也无法与之抗衡。如果说皇太后和
太皇太后的权威来自于先帝皇后身份，那么，这种权威实
际上就是皇权的附属品。同样，尽管皇太后和太皇太后拥
有发布诏令的权限——甚至傅太后也曾发布过诏令，但发

布诏令其实是皇帝特有的权力，所以也只能视其为皇权的代理。

元后乃元帝朝皇后，哀帝朝太皇太后，在平帝朝，其身份更是史无前例的尊贵。在西汉历史上，第一位以皇太后以上的辈分临朝称制、执掌朝政的就是元后。元后临朝称制的资格从何而来？

根据《汉书·王莽传上》的记载，在哀帝死后，中山王刘衎（平帝）被立为成帝的继承人。《汉书·元后传》有载："立中山王奉哀帝后。"不过，同书《外戚传》则云："以平帝为成帝后。"后一则史料说明，王莽出于政治方面的考量，有意地把哀帝排除在成帝一脉，视平帝为成帝后人。这样一来，成帝之母元后就是名正言顺的"太皇太后"。虽然成帝皇后赵氏也随之拥有"皇太后"的身份，只要之后将其铲除的话——事实上赵氏确实被迫自杀——那么在"皇太后"离世的情况下，身为元帝皇后的元后就获得了"皇太后"代行先帝（成帝）权力的资格，顺理成章地成为平帝的监护人，进而临朝称制。同时，元后是先帝（成帝）生母，这更确保了其临朝称制的合法性。

不过，这一系列政局变化的主角并不是元后，而是利用元后的权力和权威，成功掌握政权的王莽。

安汉公王莽

在元后的临朝称制的政治体制下，担任大司马领尚书事的王莽开始了他的独裁统治。当时王莽的智囊团包括王舜（王莽从堂弟、大司马王音之子）、王邑（王莽堂弟、王商次子）、甄丰、甄邯、平晏、刘歆、孙建、甄丰之子甄寻、刘歆之子刘棻、涿郡崔发、南阳陈崇等人。其中王氏族人仅有两名。王莽的父辈之中只有王立在世。在平帝即位不久之后，王莽便不顾元后反对，遣王立与平阿侯王仁（王莽堂弟）就国。之所以这样做，或是因为王立的伯父身份对于王莽来说是一个麻烦。

第二年，即元始元年（1年）的正月，在王莽的授意下，益州治下的越裳氏进献白雉。王莽上报元后，元后下诏命三公以白雉祭祀宗庙。越裳氏献白雉一事最早可见于高祖朝大臣陆贾所著《新语·无为》中"越裳之君，重译来朝"一句。《后汉书·南蛮列传》的记载则较为详细：交趾[4]以南有越裳国。周公摄政六年，制礼作乐，天下和平，便派遣译使辗转来朝，献上白雉。成王欲将其赐予周公，周公推辞并把功劳归于成王。李贤之注称上述事迹出自《尚书大传》。王利器也指出，《韩诗外传》、《白虎通》和《说苑》等文献之中的相同记载均源自《尚书大传》。据说《尚书大传》为西汉文帝朝伏生所作。宣帝时期成书的《盐铁论·崇礼》亦有载："昔周公处谦以卑士，执礼以治天下，辞越裳之赘，见恭让之礼也；既，与入文王之庙，是见大孝之礼也。"不过，《盐铁论》没有提到白雉。在汉代，白雉被视为祥瑞之鸟，其出现意味着天子的统治顺应天意。由此推测，献白雉情节应该是在西汉时期融入越裳来朝的故事中的。据说在王莽所处时代已经存世的纬书（记载预言的书籍）《孝经援神契》有云："周成王时，越裳献白雉。"可见此说当时流传颇广。总之，王莽此举的目的是让人们意识到自己与周公、汉平帝与周成王之间的对应关系。

在越裳氏献白雉一事之后，群臣纷纷上书，称颂大司马王莽堪比周公，有定国安汉室之大功，建议授予其"安汉公"称号。元后令尚书商议执行此事。这时，王莽上书称，与自己一同定策、拥立平帝继位的四位大臣（孔光、王舜、甄丰、甄邯）该受到表彰，赐号之事可暂时搁置。元后在听取甄邯的意见后下诏，晓谕王莽不要因自己与元后之间的亲属关系而推辞。但王莽再次推让，受到元后召见，却托病不肯入宫。于是左右官员劝说元后，不妨先尊重王莽的意愿，先对孔光等人进行表彰，如此一来，王莽应会接受。元后听从群臣的意见，下诏进行封赏：孔光增加封邑万户，为太师，作为四辅之一参政；王舜同样增加封邑万户，为太保；甄丰受封五千户，为少傅；甄邯受封二千四百户。可是在四人受封之后，王莽仍不肯接受封赏。这时群臣再次进言，称王莽虽然谦让，但还是应该表彰其功绩，以示朝廷赏罚分明。于是元后下诏，加封王莽召陵（译者注：今河南省郾城县东）、新息（译者注：今河南省息县）两县二万八千户封邑，赐号安汉公。王莽惶恐，不得已受策。其策曰："汉危无嗣，而公定之；四辅之职，三公之任，而公干之；群僚众位，而公宰之：功德茂著，宗庙以安，盖白雉之瑞，周成象焉。故赐嘉号曰安汉公，辅翼于帝，期于致平，毋违朕意。"

王莽接受太傅的任命和安汉公称号，但退还了封邑，称愿意等到百姓生活富足之后再接受赏赐。群臣纷纷对此表示反对。元后虽然批准了王莽的请求，不过将其俸禄、侍从人数和皇帝赏赐加倍。王莽再次拒绝，提议把诸侯王后人、高祖朝以来的功臣子孙封为列侯或关内侯，使为侯为官者尊卑有序，对上尊奉宗庙，增加礼乐，对下惠及士民鳏寡，让皇帝的恩泽广布天下。

这一系列做法具有明显的王莽风格，也是其后来惯用的手段。这些突显其谦让精神的烦琐政治手段是否只是演技？这一问题的答案将左右对王莽的评价。在现代人眼中，其做法未免有行小慧之嫌。而与其同时代的人，大概也会觉得他行事古怪。但笔者却认为，这些行为不仅可以体现其前半生积累的官场生存智慧，还可以从中窥见其"政治革新"的主观意愿。至于这些观点是否得当，就要请读者诸贤随笔者继续观察王莽的行动，并在此基础上进行判断了。

四辅制与三公制

上述封赏王莽等人的诏令中有一个重要史实，即提到了四辅制度的设立。

四辅制创立于汉平帝元始元年（1年）三月。设立四辅制应该不是元后的想法，而是在王莽的授意下，由其智囊团向元后提案后实现的。当时，王莽为太傅，孔光为太师，王舜为太保，而甄丰则为少傅。虽然太师在等级上要高于太傅，但也由安汉公王莽管辖。同时，王莽还继续担任大司马，与大司徒马官、大司空王崇同列三公之位。那么，四辅制与原有的三公制为何种关系，创设四辅制的目的为何？

《汉书·百官公卿表》中最高官职是相国和丞相，其次是太尉，再次是御史大夫。这三个官职即汉朝"三公九卿"制中的"三公"，皆为"秦官"。这说明汉朝承袭秦朝官制。丞相等三官之下是太傅、太师和太保，为"古官"。紧承太傅、太师和太保的"前后左右将军"皆为"周末官"。内史和司隶校尉被称为"周官"。因此"古官"可能指周朝以前的官职。在有关三公等官职的记载之后，《百官公卿表》罗列奉常（太常）、郎中令（光禄勋）、卫尉、太仆、廷尉、典客（大鸿胪）、宗正、治粟内史（大司农）、少府、中尉（执金吾）等官职，即被称为"九卿"的中二千石官职。这些官职也均为"秦官"。

在三公制的演变过程中，丞相被更名为大司徒，太尉被更名为大司马，御史大夫被更名为大司空。如前文所述，初设于武帝时期的大司马在三公之中的地位最高，大司马大将军领尚书事则可谓一人之下，万人之上。关于司徒、司马和司空这三个官名，班固认为皆源自周朝官制。颜师古在注中指出，周朝官制可见于《尚书·周官篇》和《周礼》。不过在《周礼》中，司徒、司马和司空本是六卿——天官冢宰、春官宗伯、夏官司马、秋官司寇、冬官司空中的三官。周朝以太师、太傅、太保为三公；三公副官为三少，即少师、少傅、少保，也称孤卿；孤卿与《周礼》六卿合为九卿。汉朝的三公九卿制度发生变化，且存在种种争议，此处不再作深入探讨。

汉朝原本沿用秦制，以丞相、太尉、御史大夫为三公。但武帝朝独尊儒术，儒家官僚提出恢复古官名称。成帝绥和元年（前8年），以丞相、大司马、大司空为三公。虽然大司马"禄比丞相"，地位与丞相相同，但秦制中的丞相仍被保留了下来，并占据核心地位。然而在成帝死后，哀帝恢复汉代传统政治制度（或"汉家故事"），在朱博等重视传统制度的官员提议下，于建平二年（前5年），再次以丞相、大司马、御史大夫为三公。元寿元年（前2年）二月，就国南阳的王莽重返京师。二年（前

1年）五月，迫于儒家官僚的要求，哀帝又以大司徒、大司马、大司空为三公，并停止使用丞相这一官名。秦朝传统至此中断，承袭周制的三公制形成。在这一系列三公制改革之后，平帝元始元年（1年），四辅制确立，即在班固所谓的"古官"——太师、太傅、太保三公之后加入三少中的少傅。至于采用数字"四"并且破坏了三少的整体性的理由，目前尚不清楚。

总之，在朝廷日益重视武帝朝以来国家所大力推行的儒学、儒家官僚们主张恢复古代官制和废除崇尚法家的秦制等呼声日益高涨的趋势下，王莽通过元始元年四辅制的确立，进行了一次乘胜追击：留任大司马，位列三公之首；出任太傅，统率皇帝四辅；再加上安汉公的地位，这些让王莽能够更轻易地进行独裁统治。因此，四辅制的确立也可以被视为王莽为日后便于统治而进行的制度改革。王莽在称帝之后，又推行了新莽特有的四辅制，即太师、太傅、国师和国将。

赈恤吏民政策

前文章节中提到王莽的一项提议："上尊宗庙，增加礼乐，下惠士民鳏寡，恩泽之政无所不施。"这一政策的实施详情可见于《汉书·平帝纪》。

元始元年正月，天下之民获赐一级爵位；俸禄二百石以上，处于试用阶段的临事官员也受到特别优待，得以"转正"。其中前者即所谓的赐民爵。

汉朝有一种较为独特的封爵制度，称为二十等爵制。二十等爵制是在秦朝军功爵制的基础上进行更改后设立的汉朝褒奖制度。其中民爵是授予普通庶民的爵位。二十等爵中由低至高第八等称公乘，公乘以下的爵位即使是庶民也可以保有。民爵通常在国家庆典或皇室有可喜之事时，由皇帝授予全国男子，并可以累加。在民间有一定身份的人有时还会被授予二级或三级爵位。因此一名男子一生之中是有可能达到公乘爵位的。爵位可以买卖，也可以用来减免刑罚。另外作为皇帝的恩惠，还有鼓励庶民履行兵役义务、建立军功的作用。第九级五大夫以上为吏爵，是授予官吏的爵位，最高等级为列侯（也称彻侯或通侯），列侯之下即关内侯。

其次，因被诬告而自杀

1	公士
2	上造
3	簪袅
4	不更
5	大夫
6	官大夫
7	公大夫
8	公乘
9	五大夫
10	左庶长
11	右庶长
12	左更
13	中更
14	右更
15	少上造
16	大上造
17	驷车庶长
18	大庶长
19	关内侯
20	列侯（也称彻侯或通侯）

汉代二十等爵位表

的东平王刘云之子刘开明被封为东平王；桃乡顷侯刘宣之子刘成都被封为中山王；宣帝耳孙（第八代孙）刘信等三十六人也被封为列侯。对刘氏一族施行的绍封（继承爵位）等优待一直持续到第二年。元始二年夏四月，代孝王刘参玄孙之子刘如意被封为广宗王，江都易王刘非之孙、盱台侯刘宫被加封为广川（《汉书·诸侯王表》作"广世"）王，广川惠王刘越曾孙刘伦（《汉书·诸侯王表》作"刘榆"）被加封为广德王。

　　另外，异姓大臣同样受到封赏。太仆王恽等二十五人参与定策，册立平帝继位有功，被封为关内侯。元始二年四月，在宗室成员被封爵的同时，宣帝朝的霍光堂兄弟的曾孙霍阳、宣平侯张敖的玄孙张庆忌、绛侯周勃的玄孙周共、舞阳侯樊哙玄孙之子樊章等人皆被封为列侯，恢复爵位如旧。另外，曲周侯郦商等人的一百一十三名子孙也均被封为关内侯。于元始二年一年，受封之人都是汉朝功臣之后。王莽对他们实行优待，无疑是为了在重建汉王朝时能获得他们的支持。由此看来，王莽此时考虑的应该还是挽救濒临灭亡的汉室江山。从这种政治目的出发，自然要在封赏宗室成员和异姓功臣的同时，也对普通官员与百姓施以恩惠。

　　比如，元始元年六月，朝廷下令释放女囚返乡，准其每月缴纳三百钱，雇人代服劳役。根据颜师古的解释，这一政策的目的在于施恩政于妇人，宣扬元后之德行。与此同时，元后还把自己的汤沐邑（指皇后、公主等女性皇室成员的食邑）十县交给大司农（相当于财务大臣）打理，以租税救济贫民。

元始二年夏，郡国大旱，还发生了蝗灾。其中青州（今山东省北部地区）最为严重，百姓流离失所。当时，上至安汉公王莽，下至官僚、百姓，二百三十人捐出田宅救灾。这些田宅按照家庭人数被分给了灾民。《汉书·王莽传上》的一段记载应与此事有关："（王莽）愿出钱百万，献田三十顷，付大司农助给贫民。于是公卿皆慕效焉。"另外为了防治蝗灾，朝廷向各地派遣使者捕蝗。捉到蝗虫的百姓可以到官府称重换钱。免除财产低于二万钱者，人口少于十万的受灾郡租税。以空闲的官邸充当宿舍安置病人，采购药品对其治疗。开放安定郡（今甘肃省东部）一处名为呼池苑的园林作为安民县，县中设置官府、市场和住宅区，召集贫民移居。安民县官府向贫民发放移居路上的口粮，在抵达之后分配田宅和生活用品，出借犁、耕牛、种子和粮食。长安城内规划出五里（汉代的居住单位，一里约一百户）地，修建住宅二百区收容贫民。

礼制学制改革

在实施赈济抚恤等政策笼络人心之后，元始三年（3年），王莽着手进行一系列制度改良与改革，即效仿周公进行"制礼作乐"。

　　元始三年夏，王莽就车服制度和吏民生活中的养生（赡养父母）、送终（葬礼）、嫁娶（婚礼）、奴婢、田宅、器械之品（关于身份与使用器物品级的规定）等礼制问题进行上奏。车服也称舆服。《后汉书·舆服志》罗列仪式和日常使用的乘用车辆的种类、构造和装饰，服饰冠帽、佩玉佩刀和印绶（用来系印的丝带）的种类，记载了皇帝之下各等人士应如何使用等内容。王莽上奏的车服制度所指不明，但应与《后汉书·舆服志》中的规定类似。包括官民日常生活中的身份等级划分在内，这些都是在以"礼"分级的基础上进行的礼制秩序建设的一环。这里需要注意的是，其中也包括"奴婢"与"田宅"这一点。由哀帝朝的师丹提起，因董贤与傅氏等人的反对而搁浅的限田限奴之策再次登场。其中"田宅"相关内容应与王莽后来颁布的王田制有关，不过遗憾的是，其具体内容目前不得而知。

　　在这一时期，王莽还"立官稷及学官"。根据《汉书·郊祀志》的记载，王莽引用《诗经》、《礼记》中的内容，指出汉王朝创立初期已有官社（社即土神，官社指帝王祭祀土神的社宫），但未立官稷（稷即五谷神，官稷指帝王祭祀五谷神的宫殿）。于是在官社后修建官稷，并在官社中祭祀夏禹（夏朝始祖），在官稷中祭祀后稷（周朝始祖）。

此外，王莽还完善了包括初等教育在内的各级学校制度。武帝朝在长安创立太学。太学中设博士官；太学生定员最初为五十人，后来定员逐渐增多，除之前的太学生和通过郡国太守、国相推荐获得入学资格的学生之外，王莽还批准六百石以上官员的子弟入学。郡国学同样自汉武帝时期起逐渐在各郡国成立。在此基础上，王莽对自郡国学以下的各级学校和教育制度进行完善。郡国级别学校称为"学"，县、道（异族聚居地区）、邑（皇太后、皇后等人的封邑）、侯国的学校称为"校"。学、校各设一名经师。乡、聚（译者注：即村落）之学分别称为"庠"、"序"，各设一名孝经师。班固在《东都赋》中描述当时的景象，其文曰："四海之内，学校如林，庠序盈门。"

汉朝的学生统称"诸生"。诸生一般在十五岁左右开始游学。那么他们在成为诸生之前的学习，也就是初等教育又是怎样进行的？王充（27—约97年）在《论衡·自纪》中提到，自己从八岁开始到书馆学习读写。老师也被称为"闾里书师"，合《仓颉》、《爰历》、《博学》三篇为《仓颉篇》，每六十字为一章，共五十五章，三千三百字。（译者注：参见《汉书·艺文志》）似乎也会同时学习算术、地理，但具体情况不明。那么，王充习字的书馆和王莽设立的庠、序之间有什么关系？笔者推测，西汉中后期，书馆等教育机构在乡、里之中逐渐增多，后来在平帝朝施行的政策下，这些教育机构可能也兼具庠、序的功能。庠、序之中设一名孝经师。因此除了教授儿童认字、算数之外，还起到教化民众的作用。想必当时《孝经》诵读之声不绝于耳。笔者认为，当时很有可能书馆与庠、序合而为一，孝经师由闾里书师兼任，或由乡、里负责教化民众的三老、里父老等长者担任。

普通学童在成为诸生以前，最多能做到诵读《孝经》、《论语》，初步理解其中的内容。这两部书是与五经[5]同等重要的儒家经典，并称"孔子七经"。其中《孝经》在西汉时期作为教化之书尤其受到重视，从庠、序各设一名孝经师也可以看出这一点。在汉代，识字之后首先要学习的应该是《孝经》。能够诵读《孝经》、《论语》，并做到初步的理解，就算完成初等教育。一般学童这时的年龄应该在十五岁左右。学童完成初等教育之后，便更加专门性地学习儒学。他们有的成为诸生前往县校、郡国学、太学或者私学（私塾）学习，有的被任命为郡县属吏，还有的以农业为生，各自奔赴不同的人生。

王莽就学校制度进行的全面改革，对其后儒学在中国社会中的普及和地方社会文化水平的提高具有重大意义。从这个角度来看，必须承认王莽在历史上发挥的重要作用。关于东汉时期学校制度的概要、诸生出身阶层、诸生的学习经历及毕业后的方向等问题，参照拙著《东汉时期的政治与社会》。

除上述内容之外，王莽在元始年间还进行了很多其他方面的改革。然而，这时发生了一件大事，使致力于改革的王莽来到人生的分岔路口，那就是吕宽事件。在吕宽事件之后，王莽急速加快改革的脚步。在下一章中，笔者将首先对吕宽事件的始末进行说明。

译者注：

［1］《汉书·董贤传》："新都侯莽前以大司马奉送先帝大行，晓习故事，吾令莽佐君。"

［2］期门郎简称期门，汉朝官职，执掌狩猎。主官称仆射，后改为期门仆射。

［3］太牢，古代帝王祭祀社稷时，牛、羊、猪三种祭品具备。

［4］交阯，也作交阯，中国古地名相当于今广东、广西大部分和越南北部、中部地区。

［5］即《诗经》、《尚书》、《礼记》、《周易》、《春秋》五部儒家典籍。

| 第七章 |

吕宽事件

王莽一家

在进行说明之前，对王莽的家庭情况加以介绍，应该有助于理解吕宽事件。

根据前揭王氏族谱和《汉书·王䜣传》的记载，王莽夫人是昭帝朝丞相王䜣（济南人）孙子王咸之女。二人为同姓通婚（译者注：根据《礼记》、《左传》、《国语》等文献记载，自周朝起，古人忌讳同姓通婚）。关于二人成婚时间，根据《汉书·王莽传下》记载，王莽四子王临回忆，两个哥哥死的时候都是三十岁。虽然这是一条线索，但于南阳新野自杀的次子王获死于因吕宽事件自杀的长子王宇之前，因此皆死于三十岁之说并不合理。假设王莽长子真的死于三十岁的话，吕宽事件发生于平帝元始三年（3年），王莽当时四十八岁，那么可以推算出，王莽大概是在十七岁左右，即汉成帝建始四年

（29年）成婚的。当时有些女性十四岁就已嫁为人妻，王莽妻子或许也是如此。

王莽与妻子王氏育有四子一女。有关女儿的情况将在后文提及。长子因吕宽事件自杀；次子在南阳因杀害奴仆而自杀；三子王安是一个不肖之子。因此王莽在称帝后，把四子王临立为皇太子。地皇二年（21年），王莽妻子王氏去世。同年，王临也因密谋杀害王莽，与妻子国师刘歆之女刘愔双双自杀。四个儿子只剩王安一人，不过，王安也在王临自杀当月病死。而在王安病情加重时，王莽就把留在南阳新野的侍女们所生子女四人召至长安。怀能所生的王兴被封为功修公，增秩所生的王匡被封为功建公、王晔被封为睦修任，开明所生的王捷被封为睦逮任。"任"，即古代女子的爵位名。

吕宽事件之后，不幸降临王莽哥哥一家。居摄三年（亦为初始元年，8年），司威陈崇上奏，称王莽兄长之子王光私下请托执金吾窦况为其杀人，窦况也按照要求将该人抓捕并处决。被杀之人想必是王光的仇人。与长子、次子犯下大错时一样，王莽大怒，严厉斥责王光。王光母亲，也就是王莽的嫂子对王光说："你觉得自己的罪比王宇、王获更轻吗？"于是，母子二人自杀谢罪。换句话说，跟王莽长子王宇、次子王获一样，王光也因王莽而死。对此班固称："王莽年轻时曾因照顾母亲、嫂侄而得名，但后来却变得乖戾凶残，甚至不惜牺牲王光来标榜自

己的公平与正义。"不过王光确实触犯了法律,想必王莽
其实是不得已而为之。也许是出于对王光之死的痛心,王
莽让王光之子王嘉继承了其父爵位(译者注:王光事见
《王莽传上》)。

吕宽事件始末

首先来看王莽在吕宽事件发生之前所处的政治地位。
该事件发生于元始三年(3年)。同年春,元后下诏把王
莽的女儿立为平帝皇后(正式立后是在元始四年二月)。
同时,大司徒司直陈崇好友张竦上书称颂王莽的功德,朝
中大臣纷纷附和,提议加封王莽。于是,王莽被授予"宰
衡"称号,并获赐九锡(译者注:天子赐予大臣的九种器
物,是一种最高礼遇)。

因此,对于王莽来说,当时是可以趁机扩大权势的关
键时期。然而这时,长子王宇却做出了在王莽看来极为愚
蠢的举动。《汉书·平帝纪》记载:"安汉公世子宇与帝
外家卫氏有谋。宇下狱死,诛卫氏。"这件事发生于元始
三年秋。

王莽为防止哀帝祖母傅氏、母亲丁氏一族对王氏一
族不利,不仅把平帝奉为成帝后人,还命令平帝母亲卫姬
及其族人留在中山,令其不得入京师朝拜。不仅如此,王
莽还让宗室成员刘成都作为平帝之父、中山孝王刘兴的后

人，继承中山王王位，并授予卫姬中山孝王后印绶。这一举措意味着，卫氏不会像当年的傅氏和丁氏那样得到皇太太后等尊号。此外，平帝舅父、卫姬兄弟卫宝、卫玄依惯例本应被封为列侯，但实际上仅被封为关内侯。

王宇见王莽禁止外戚接近平帝，担心平帝长大成人后借此责难王氏一族，便暗中与卫宝通信，唆使卫姬上书元后谢恩，力陈傅氏、丁氏过失，提出进京的请求。王莽将计就计，在元后面前曲解卫姬之意，下诏称卫姬以傅氏、丁氏为鉴，敬畏天命、尊奉圣言，愿永保中山国，令孝王永享祭祀的行为值得嘉奖，加赐七千户汤沐邑。卫姬无计可施，只能日夜啼泣，思念平帝（译者注：参见《汉书·外戚传下》）。

王宇又与自己的经学老师吴章、妻兄吕宽商议。吴章认为，王莽不听劝谏，但偏信鬼神，应以怪异吓之，再加以灾异鬼神之说，使其归政于卫氏。于是，王宇便指使吕宽夜深后将血洒在王莽宅邸的大门之上。不料吕宽被门卫发现，此事败露后，王宇被打入大牢，最后服毒身亡。想必毒药也是王莽所赐。尽管王宇妻子吕焉当时怀有身孕，但也被捕入牢中，待生子后处决。

吕宽潜逃后被捕，抓捕经过可见于《汉书·游侠传·楼护传》。吕宽的父亲与楼护相知，吕宽投奔时任广汉太守的楼护，但隐瞒了逃亡原因。几天后，朝廷通缉吕宽的诏令到达广汉，楼护抓捕吕宽并上报朝廷。王莽大喜，在事件平息之后任命楼护为前辉光（长安附近一郡之长），加封息乡侯，位列九卿。《楼护传》被收录于《游侠传》中，可见他是一个颇具侠气之人。笔者猜测，当时吕宽如果以实相告，或许会得到楼护的庇护。

至于另一名同谋吴章，根据《汉书·云敞传》的记载，吴章是平陵县（今陕西省咸阳市）人，为当世名儒，以治《尚书》为博士，学生多达千余人。吴章在事情败露后，被处以腰斩之刑，陈尸东市门示众。吴章的学生们也被王莽视为恶党，无法做官，纷纷改投他人门下。只有时任大司徒掾的云敞主动承认自己是吴章弟子并辞去职务，将吴章妥善安葬，此举在京师广受称赞。

以上就是王宇等主谋的下场。从三人密谋内容可以看出，王宇、吕宽、吴章认为，当时王莽仍有可能归政于卫氏，而且以皇帝与外戚的关系，归还政权是理所当然的。但是，当时的王莽考虑的应该只是掌权，而绝无放权的可能。之所以这样说，是因为王莽在追究此事责任的同时，趁机打压了很多人。

铲除平帝外戚

在吕宽一事败露后，王莽向元后上奏称："王宇受吕宽等人蒙蔽而误入歧途，以流言惑众。昔日周公诛杀管叔、放逐蔡叔。王宇之罪与管、蔡相同，臣不敢隐瞒，请从严处置。"[1]

管叔又称管叔鲜，是周武王的弟弟。武王死后，管叔拥立商纣王之子武庚为王，背叛成王，最终被周公所杀。蔡叔即周武王的弟弟蔡叔度，也因参与武庚叛乱，被周公流放。王莽在上奏文书中使用的"流言惑众"一语源自《尚书·金縢》："武王既丧，管叔及其群弟乃流言于国，曰：'（周）公将不利于孺子（成王）。'"周公兄弟管叔等人散布流言，称周公乃明智之人，所以让他辅政将对成王构成威胁。

很明显，王莽有意把图谋不轨的长子王宇比作周公故事中的管、蔡，把自己比作周公。

针对王莽的上奏，元后下诏回应称："公居周公之位，辅成王之主，而行管、蔡之诛，不以亲亲害尊尊，朕甚嘉之。昔周公诛四国之后，大化乃成，至于刑错。公其专意翼国，期于致平。"根据《汉书·王莽传上》记载，元后是在听取王莽心腹甄邯的意见后下诏的。诏书中的"不以亲亲害尊尊"出自《春秋谷梁传·文公二年》："君子不以亲亲害尊尊，此《春秋》之义也。"爱父母子女、兄弟姐妹称之为"亲亲"，尊奉尊卑秩序（即君臣关系和家族内部的长幼尊卑关系）称之为"尊尊"。这说的是王莽不拘泥于父子之情，优先维护国家秩序。

在得到元后支持后，王莽将平帝外戚卫氏远近族人一举诛灭，废掉平帝舅舅卫宝之女的中山王后后位，将其流放合浦。至于平帝母亲卫姬，虽然王莽无法对其下手，但在称帝之后，立即将其贬为庶民。在迫害卫氏一族的同时，王莽也没有放过那些素来非议自己的郡国豪杰。他以与吕宽等人同谋的罪名，对其进行打击报复。这场政治迫害甚至波及宗室成员和王氏一族，敬武长公主、梁王刘立、王莽叔父红阳侯王立和堂弟平阿侯王仁都受到牵连，在使者的威逼下自杀。

打压皇室与同族

贵为宣帝之女、元帝之妹的敬武长公主（皇帝的女儿称公主，皇帝的姐妹和长女称长公主）被卷入政治斗争一事，可见于《汉书·薛宣传》。

薛宣任丞相时妻子离世，于是迎娶敬武长公主。后来其子薛况犯罪，薛宣受到牵连被贬为庶民，返回故乡，而公主则留在京师。在公主的请求下，薛宣死后葬于延陵附近。当时，本应在敦煌服劳役的薛况偷偷逃回长安，恰逢大赦，便住进公主的府邸，后与其私通。敬武长公主与傅氏、丁氏来往密切，与王氏的关系则很疏远。即使在王莽成为安汉公之后，公主仍然肆无忌惮地出言指责。

在吕宽事发之后，薛况因与吕宽交好而受审。王莽在给薛况治罪的同时，也揭露敬武公主的罪行，派遣使者以元后名义赐公主毒药。公主怒曰："刘氏孤弱，王氏擅

长乐宫侧的未央宫前殿遗址

朝，排挤宗室，且嫂（即元后）何与取妹抉抶其闺门而杀之？"在使者逼迫之下，敬武长公主最终服毒身亡，同时薛况也被押到闹市中枭首示众。在敬武长公主死后，王莽向元后谎称其死于急病。元后打算参加葬礼，但在王莽的极力劝阻下只好作罢，与整件事毫无瓜葛。清代学者周寿昌在《汉书注校补》中指出，公主当时年近六十，不可能与薛况私通，班固在叙述时没有确认事实，轻信王莽捏造的罪名，令人无法信服。

梁王刘立平素作恶多端，曾在哀帝建平年间（前6—前3年）因杀人受审，但未被治罪。元始年间，刘立以连坐勾结平帝外戚中山卫家之罪，被王莽剥夺诸侯王位，贬为庶民，流放汉中，于元始四年夏自杀。

那么，王莽叔父王立、堂弟王仁又是什么罪名？在平帝即位后，王莽不顾元后反对，遣红阳侯王立至南阳红阳国就国。根据《汉书·元后传》记载，王立就国南阳时与当地刘氏"结恩"。虽然"结恩"的具体内容不得而知，但王立大概因此而获罪。王立死后，其子王柱继承红阳侯位。关于王仁，《汉书·元后传》仅记载了他与王立一同被迫自杀一事，具体原因不明。王仁死后，爵位由其子王述继承。

王莽的心思

以上是王莽在吕宽事件中对平帝外戚一派、皇室、王氏一族进行打压的情况。

其实对于王莽来说，这起事件在某种意义上是一个绝好的机会。想必，诸位读者从王莽的强硬手段中可以看出他坚决的意志和为实现政治理想不惜逼迫骨肉自杀、排除异己的决心。心中对理想儒家统治的向往，迫使王莽使用残忍的手段、做出不得已的决定。笔者认为这样理解也不为错。不过，从王莽对待元后的态度可以看出，吕宽事件让王莽成功巩固了自身权力地位的同时，也在心中埋下了名为"掌权者的傲慢"的种子。

通过对吕宽事件的全面追责，王莽铲除了数百名朝中政敌和地方异己。究竟是怎样的念头在支配着王莽？只要元后在世，王莽的政治地位就稳如泰山。但吕宽事件却让他意识到，一旦平帝外戚掌握实权，那么王氏一族就会被排挤出权力核心。关于这一点，王莽在此前的政治生涯中早已有了刻骨铭心的体会。对于王莽来说，为了保住手中的权力只有两个选项：要么成为外戚，要么成为皇帝。除此之外，别无他法。然而，称帝谈何容易！笔者认为，王莽此刻应该还没有意识到那条通往帝座之路。

多年之后，王莽被杀，首级被送至南阳宛城更始帝手中。更始帝端坐太守衙中正堂，手持人头细细打量，喜曰："莽不如是，当与霍光等。"这一情景被记录在《后汉书·刘玄传》中。的确，效仿霍光确实也曾经是王莽的选择之一。

译者注：

〔1〕《汉书·王莽传上》："宇为吕宽等所诖误，流言惑众，
与管、蔡同罪，臣不敢隐，其诛。"

第八章

宰衡称号

立女为后

至元始二年（2年），王莽通过推行一系列政策，基本上获得了朝廷官员和黎民百姓的支持。其下一个心愿，便是成为外戚，这应该是受昭帝朝霍光经历的影响。

王莽将女儿立为皇后的经过再次充分体现了其行事风格和政治手腕。首先，他向元后提议，为繁衍皇嗣，应遵照礼制，从商、周二朝王、周公、孔子、居于长安列侯的后代中挑选十二名优秀女子入宫。元后命令有司执行此事。有司上报的名单中，有很多王氏之女。王莽为防止被选中的女子们会成为女儿的竞争对手，便向元后进言称，自身无德，女儿无才，不该入选。元后认为王莽一片赤诚，便下诏曰："王氏女，朕之外家，其勿采。"

然而，每日来到宫殿正门上书表示反对此举的庶民、诸生、郎吏多达千余人，就连公卿、大夫也纷纷进言：

"明诏圣德巍巍如彼，安汉公（王莽）盛勋堂堂若此，今当立后，独奈何废公女？天下安所归命！愿得公女为天下母。"王莽派部下晓谕并劝阻公卿、诸生等人，但上书之人反而越来越多。元后不得已，便听取诸多公卿的意见，把王莽的女儿选入宫中。这时，王莽又再次提出："宜博选众女。"意为建议在众多候选人中挑选皇后，但诸多公卿坚持反对册立其他女子。于是王莽做出妥协，提议可对其女儿进行"面试"。元后派少府、宗正、尚书令去见王莽的女儿，几位官员皆回报称，王莽之女是一位足以成为皇后的贤良女子。元后又派大司徒、大司空告祭宗庙，进行占卜，占卜结果为吉。就这样，王莽之女被立为皇后。

当时，宗室成员信乡侯刘佟引用《春秋》，称自古天子立后时，都会封赏皇后父亲百里之地（译者注：古时一县管辖区域约百里），安汉公的封国没有达到古制的标准。这件事被交由有司合议，有司皆称刘佟的提议合乎礼制，应该采纳，并提议赐其新野县二万五千六百顷土地，使其封国满百里之数。王莽谢绝加封，并得到元后的批准。后来，刘佟在王莽称帝后获赐"王"姓。在王莽谢绝封邑之后，又有有司上奏，称按照规矩，皇后的聘金为"黄金二万斤，为钱二万万"。这次王莽只接受了其中的四千万钱，接着分给另外十一名女子每家三百万，留下七百万作为皇后的聘金。这时，朝廷又追加二千三百万，使聘金总和为三千万。王莽又将其中一千万分与九族中生活贫困之人。

　　就这样，王莽自导自演、百般推辞，却得偿所愿。虽然事情的结果完全在其掌握之中，但过程却处处给人一种大公无私的印象，这就是王莽自青年时期以来练就的政治手腕。虽然在册立皇后的过程中，王莽利用心腹进行政治运作、操纵舆论。但不可否认的是，他通过使用正当手段实行政治改革，推行恤民政策，也获得了人们的高度评价。想必，政治嗅觉敏锐的王莽自己也清楚地认识到了这一点。

自比周公

　　元始四年（4年）二月（《汉书·王莽传上》记载为四月），王莽的女儿正式被立为皇后，与平帝同为十三岁。

　　元始三年（3年）初，皇后人选已定，大司徒司直陈崇上奏称颂王莽功德，主张王莽应该得到与周公相同的封赏。不料这时吕宽事起，封赏一事也被暂时搁置。在王莽的女儿正式成为皇后之后，太保王舜等人上奏，八千余民众上书，重提陈崇的意见，建议按照商朝伊尹和周朝周公的规格封赏王莽。有司在商议后提出封赏方案：赐还其此前谢绝的三万户封邑；并在伊尹（阿衡）与周公（太宰）的称号中各取一字，合为"宰衡"之号赐之，位居上公；

宰衡的属吏俸禄定为六百石；三公与王莽言事应称"敢言之"以示敬意；所有官员不得与王莽同名；赐王莽的母亲功显君封号，封邑两千户，黄金印赤绂（译者注：系印玺的红色丝带）；封王莽之子王安为褒新侯，王临为赏都侯；皇后的聘礼增加三千七百万，共计一亿。"敢言之"，是下属向上级进言时使用的套话，常见于汉简中。即使地位崇高的三公面对王莽时都要称"敢言之"，可见王莽当时的地位之高。

对于这些封赏，王莽仍然推辞，不愿接受。他上奏称只愿替母亲接受功显君封号。元后就此事征求太师孔光等人的意见。孔光等人建议元后命令尚书不得受理王莽谢绝赏赐的奏章。王莽这才接受赏赐。接着，他上奏称宰衡一职尚无信印，要求御史刻制"宰衡太傅大司马印"，在授予新印后，上交手中的太傅和大司马之印。元后准许了王莽的请求，要求新印绶带与"相国"相同。"相国"一职，除楚国以外，春秋战国时期诸国均有设立。秦始皇为表示对吕不韦的尊崇，任命其为相国。汉朝初期，高祖功臣萧何初任丞相，七年之后成为相国。虽然后来丞相也被称为相国，即宰相的通称，但从以上例子可知，相国一职的官阶要高于丞相，而王莽的官印绶带与相国相同，因此显然级别也高于丞相。

上文提到，群臣将王莽与伊尹、周公等圣人相提并论，还有人将王莽比作周公。那么，后者具有怎样的含义？根据《汉书·孙宝传》记载，越巂郡上报朝廷，称江中出现一条黄龙，太师孔光、大司徒马官称这是因为王莽的功德堪比周公，所以天降祥瑞之兆，应将此事告祭宗庙。但是孙宝却对这种观点提出反对意见。于是王莽的心腹甄邯连忙终止了众臣的议论。这则记载说明，反对把王莽比作周公的官员也同样存在。不过，当时朝中已被依附王莽的官僚占据，势不可挡。那么，王莽为何要唆使心腹发表相关言论？针对王莽、周公相关讨论出现的原因，重泽俊郎在《中国的传统与现代》一书中提出了他的见解，其内容大致如下：

　　西汉时期，与权威性不断增强的孔子相比，周公的地位并不突出，其存在也没有被赋予特殊意义。不过，古文学派为了获得等同甚至超越今文学派的地位，需要在古文经学中树立一个权威人物，以充当今文学派中孔子的角色。受到孔子的高度评价与敬仰的周公是一个合适人选。因此古文学派才提高对周公的重视。刘歆"发现"古文经学典籍《周礼》，并称之为"周公致太平之书"，正是出于此种原因。另一方面，对于辅佐平帝的王莽来讲，其地位与辅佐周成王的周公非常契合。为了维护统治地位，利用周公的权威性是一个绝佳选择。因此，古文经学、《周礼》、王莽三者之间便形成了密不可分的关系。

　　重泽俊郎的观点值得参考。不过，如果将焦点集中在王莽身上的话，也许能得出一些不同的结论。"制礼作乐"是王莽时常提及的词，也可以简称为"制作"。"制礼"即制定规范社会等级和秩序的礼制，"作乐"指"制定乐律"。"子曰：……移风易俗，莫善于乐。"（《孝经·广要道》）即利用音乐进行教化，使风俗淳美。在汉代，周公"制礼作乐"这一说法广为流传，而王莽也为了达成伟业而效仿周公，从元始年间开始致力于"制礼作乐"。他打着周公的旗号，企图使自己的政治改革更具权威性。同时，把自己辅佐汉平帝比作周公辅佐周成王，从而巩固自己的地位。前文提到，王莽以元后比西王母，自比周公，想必出于同样的目的。

　　另外，从效仿周公这一点也可以看出王莽当时的想法。重泽俊郎也指出，周公在六年里不仅摄政，还作为天子接受群臣朝会（这是周公事迹中的一种说法，王莽对此深信不疑），但最终仍把政权还给了周成王。王莽当然对此心知肚明，或许他当时也打算像周公那样最终把政权还给平帝。

　　后文将会提到，王莽的心腹刘歆等人，似乎也没有将王莽推上皇位的打算。这样看来，至少在元始年间，王莽的心中仍然没有萌生称帝的想法。

官制改革

因吕宽事件不得已而中断的"制礼作乐"，在事件平息后旋即重新开始。首先，是关于地方行政区划（州制）和礼制。

汉朝的地方统治制度为郡国制。郡、县由皇帝直接统治，同时也存在诸侯国。即在郡县制——秦始皇推行的君主直接管辖地方郡县的制度的基础上，保留了封建制。汉武帝朝开始采用"州"这一地方行政区划。关于汉武帝时期的州，诸说纷纭。大致分为豫州、冀州、兖州、徐州、青州、荆州、扬州、益州、凉州、朔方、并州、幽州、交阯十三州。东汉末年，朔方与并州合为一州。最初，都城附近的七郡并未包含在十三州之内。武帝征和四年（前89年），设置司隶校尉一职，负责对七郡进行监察。至于十三州内郡县，则由武帝派遣的州刺史（又称部刺史）负责监察。当时州刺史俸禄较低，只有六百石。成帝绥和元年（前8年）十二月，州刺史被废除，改设州牧，俸禄两千石。在朱博等人的提议下，哀帝于建平二年（前5年）恢复传统的州刺史，不过在元寿二年（前1年）又改回州牧。王莽沿用这一官制，但对十三州进行了改革。

根据《汉书·地理志》记载，尧在位期间把天下分为十二州，命令禹治水；禹又将十二州重新划分为九州。

元始五年（5年），羌族欲归属汉朝。王莽上奏，建议在羌族所献之地设置西海郡。他同时指出，汉朝十三州州名和划分大多不合儒经，汉朝疆域过于辽阔，不宜效仿《尚书·尧典》中禹将之分为九州的做法，可以依照舜的十二州制，以正各州州名与分界。这项奏请得到批准，同时王莽又增设五十条法律，把西海郡作为囚犯的流放地。根据《汉书·王莽传上》记载，当时被流放的囚犯多达万人，民间怨声四起。

王莽把各州重新划分为雍、予、冀、兖、青、徐、扬、荆、益、幽、并、交十二州；临近都城七郡分属雍、予、冀三州管辖。有关各州分界及王莽更名诸郡，详见谭其骧《新莽职方考》。王莽在称帝后采用九州说，重新构建地方行政区划。"州"这一地方行政单位的确立，也对其后中国历代王朝的地方行政区划制度产生了深远影响。

《史记》和《汉书·地理志》仍保留着战国七雄领地的名称。《汉书·地理志下》按照秦、魏、周、韩、赵、燕、齐、鲁地、宋、卫、楚、吴、越的顺序罗列十三个地区，各地区都有对应的星宿。《汉书·地理志》列举汉朝诸郡（国）县、收录有平帝元始二年的人口调查数据。是年总户数为一千两百二十三万三千零六十二户，总人口为五千九百五十九万四千九百七十八人。班固云："汉极盛矣。"这也说明王莽在元始年间的执政是很成功的。

回到州制，武帝通过设置州刺史推行州郡县制，王莽继承这一制度，并重新进行区域划分。于是战国时期以来的地域名称逐渐消亡。到了东汉时期，十三州变成管辖一百零五个郡国的行政单位，至此州郡县制确立，战国时期的地域名称被彻底抹除。六朝时州数量大增，因此隋朝废郡推行州县制，为后世地方行政区划奠定基础。可以说，新莽的州郡县制是秦汉郡县制向后世州县制转型过程中的一个过渡。

在上述地方管理制度之下，朝廷有很多选拔官员的方式。不过，中央官员的选拔以两大常科（定期选拔科目），即由郡太守荐举孝廉，州刺史荐举秀才（东汉称茂才，以避光武帝讳）为主。被举荐者由朝廷任命为郎官，前往中央或地方任职，积累经验，争取晋升机会。

平帝即位后不久，王莽察觉到元后厌倦政务，便授意公卿上奏："迄今为止，那些靠积攒功劳和资历升迁至二千石的官员和州部举荐的秀才等，大多都不称职。今后，无论是升迁还是任免，都应由安汉公（王莽）亲自考核。太后无须亲自为这些琐事费神。"元后下诏，将封爵以外事务均交由安汉公与四辅定夺，还命令升任州牧或郡太守者、举秀才上任者，均须至安汉公处接受考核，就以往的工作经历和今后的工作内容进行答策，以此判断是否称职。于是，王莽召见官员并逐一进行考核，但却在私下或施与恩惠，或进行馈赠，而不愿服从王莽的人则会被免官。就这样，王莽精心打造了一个筛选和输送亲信的体系，对其唯命是从的官员遍布朝廷和地方。

　　除此之外，王莽还制定以下官员任免相关政策。吕宽事件之后，大司马护军（大司马的副官）某褒（姓氏不明）奏言："安汉公家门不幸，公子王宇犯下管、蔡之罪。安汉公爱子之情虽深，但为皇室不敢顾及私情。想到王宇的罪过，安汉公发愤属文八篇，以诫子孙。这些文章应该颁赐全国，令学官教授。"这项提议得到批准。全国官员凡能背诵安汉公"戒八篇"者，均记录在官簿中。一时之间，"戒八篇"被推崇至《孝经》的地位。根据颜师古的解释，官簿中的记录会作为任免的依据。很明显，王莽为强化自身统治而构建的政治体制在逐渐向地方渗透。

　　除上述官制改革之外，王莽也对汉朝其他制度进行了更改。例如，元始四年（4年），"分京师置前辉光、后丞烈二郡"（译者注：参见《汉书·平帝纪》）。西汉时期，长安周边的关中地区称为三辅，分别是京兆尹（长安以东）、左冯翊（长陵以北）、右扶风（渭城以西）。三者既是行政区划名称，也是该区域长官官名。长安原属京兆尹的管辖范围。也就是说，原由三辅管辖的地区被重新划分为二郡（译者注：《资治通鉴》卷三六，胡三省注云："前辉光盖领长安以南诸县，后丞烈盖领长安以北诸县也"）。

　　《汉书·平帝纪》元始四年（4年）有载："更公卿、大夫、八十一元士官名、位次及十二州名。"有关官名变更的具体情况不明。《汉书·百官公卿表》云："宗正，秦官，掌亲属（掌管王室亲族事务），有丞。平帝元始四年更名宗伯。"又云："长信詹事掌皇太后宫，景帝中六年更名长信少府（颜师古引张晏注：'以太后所居宫为名也。居长信宫则曰长信少府，居长乐宫则曰长乐少府也'）平帝元始四年更名长乐少府。"至于十二州州名的变更，在上文已有所提及（《汉书·王莽传上》将此事系于元始五年）。《汉书·平帝纪》云："分界郡国所属，罢置改易，天下多事，吏不能纪。"可见制度变更之多。

除此之外，祭酒官号应该也于同一时期确立。关于祭酒，笔者将在下文进行叙述。

礼制改革

在元后临朝称制的元始年间，王莽确立南北郊祀制度，创建明堂，迈出礼制改革的重要一步。

《汉书·平帝纪》云："（元始）四年（4年）春正月，郊祀高祖以配天，宗祀孝文以配上帝。""配"即配飨，指祭神时以先祖配祭。分祀高祖、文帝与天子七庙制有关。尽管自元帝朝以来，就天子七庙制发生过多次争论，但久无定论。要弄清这一问题，必须详细地从宗庙制说起。金子修一对此问题的整理颇得要领，详参其著作《古代中国与皇帝祭祀》。现仅列出大致经过如下：汉哀

帝时期，孔光与何武提出五庙制，而刘歆则强烈主张依据
《礼记·王制》等典籍实行七庙制，并在武帝庙号之争中
发挥重要作用；在此基础上，王莽于元始四年立宣帝庙号
为中宗，立元帝庙号为高宗。此时的天子七庙即高祖太祖
庙、文帝太宗庙、武帝世宗庙、宣帝中宗庙、元帝高宗庙
这五个不毁之庙，加上成、哀二帝之庙。

　　第二年，即元始五年（5年），王莽上奏，请求恢复
长安南北郊祀并得到批准（译者注：参见《汉书·郊祀志
下》），解决了三十年来几经周折、历经五次更改的祭祀
制度问题。由王莽确立的南北郊祀制和下文将提到的明堂
制，在东汉时期得以延续和完善，成为东汉礼教国家建设
的重要基础与前提。

　　回到元始四年夏，王莽上奏请求建立明堂、辟雍。根
据藤川正数在《汉代礼学的研究》中针对明堂的说明，先
秦时期存在两种明堂思想：儒家思想认为明堂是施行王道
政治之地；而另一种思想受阴阳五行学说的影响，认为明
堂是颁布月令、祭祀五帝的场所，即所谓的明堂月令说。
王莽时期采用前者，武帝时期则采用后者。在方士的进言
下，武帝在泰山建造明堂，进行祭祀。这一举措显然具有
强烈的方术性质和神秘主义色彩，与当时同样具有神秘主
义倾向的郊祀制度相呼应。

　　藤川正数认为，在王莽采用的明堂制中，明堂"是用
以供奉太祖的礼教之堂，一言以蔽之，是施行儒家王道政

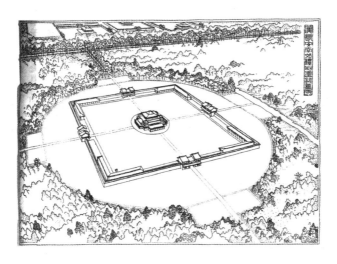

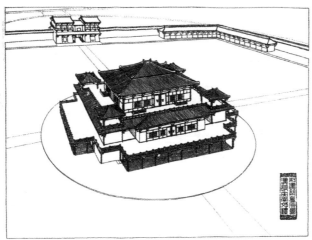

明堂复原图

治的场所。因此对于王莽来说，三宫（译者注：即后文中的明堂、辟雍、灵台）制只是庞大的儒家礼教政策中的一环"。武帝时期的明堂祭祀制度发展情况不得而知。汉成帝时期，刘向奏请设立辟雍。但在长安城南建造辟雍的方案尚未执行，便因成帝骤逝而中止。明堂、辟雍制度迟迟未定，因此王莽迫切希望能够完成儒家明堂制度建设。

《汉书·平帝纪》记载："安汉公奏立明堂、辟雍。"《汉书·王莽传上》有云："莽奏起明堂、辟雍、灵台。"后一则史料中的三者合称"三雍"或"三宫"，在经学领域有很多关于三雍的争论。有人认为这三个名称分别指同一建筑的三个部分，也有人认为指三座不同建筑。1956年，西安近郊出土一处建筑遗址，形状独特，有人推测是明堂遗址。王世仁在发表于《考古》1963年第9期的论文中称，明堂、太学、灵台分别指同一建筑的不同部分，而辟雍是该建筑周围的环形水沟。金子修一对此进行反驳，指出东汉时期，养老礼、大射礼都在辟雍举行，辟雍应该是一处独立的建筑，并推测东汉时期的明堂、辟雍和灵台是三处建筑。金子修一认为，东汉基本上继承新莽礼制，所以新莽的明堂、辟雍和灵台自然也应该是三种建筑。除上述问题之外，该遗址是否建于新莽这一问题也有待商榷。不过毋庸置疑的是，王莽确实曾建造明堂、辟雍和灵台。

王莽在奏请建造明堂的第二年，即元始五年（5年）

春正月，于明堂中举行祫祭。他召集诸侯王二十八人，列侯一百二十人，宗室后人九百余人助祭。祫，即将列祖列宗集中到太祖庙进行合祭，与每年四季举行的四时祭不同，跟禘（禘郊，正月南郊祭祀始祖和天神的大典）一样都是数年才举办一次的大祭。《孝经·圣治章》有云："昔者，周公郊祀后稷（周朝始祖）以配天，宗祀文王于明堂以配上帝。"王莽祫祭明堂，应该也是出自《孝经》，以达到自比周公的目的。另外，《汉书·平帝纪》元始五年有云："羲和（司四时、掌教化的官职）刘歆等四人使治明堂、辟雍，令汉与文王灵台、周公作洛同符（颜师古注曰：'文王筑灵台，周公成洛邑，言与之符合'）。太仆王恽等八人使行风俗，宣明德化，万国齐同，皆封为列侯。"《汉书·王莽传上》亦载："刘歆、陈崇等十二人皆以治明堂，宣教化，封为列侯。"

在建造明堂等三雍的同时，王莽为振兴儒学"为学者筑舍万区，作市、常满仓，制度甚盛"。为学者筑舍的目的显然是招揽人才。除此之外，王莽还立乐经博士，将博士定员增至每经五人，从全国征召十一位以上精通某门经学的学官，召集通晓逸礼、古书、毛诗、周官、尔雅、天文、图谶、钟律、月令、兵法、史篇文字者前往公车报到。[1]来自全国各地的能士多达数千人。王莽命其开陈自家学说，从而修正谬误，统一异说。这次儒学研讨会，不仅是对宣帝朝石渠阁会议的模仿，还是在今古文经学对立的时代背景下，为确立古文学主导地位进行的一次尝试。可以说，王莽通过上述举措，大致上完成了他的"制礼作乐"构想。

这样看来，不仅官民对王莽的赞美变得理所当然，受赐九锡和不久之后的摄政也是一种必然。

受赐九锡

群臣就王莽明堂改制功绩上奏，称即使是周公，制定礼制也用了七年时间，而安汉公仅用四年时间就重建并恢复了毁废千载的明堂和辟雍之制；安汉公领命建设明堂的第二天，就在十万儒生百姓的帮助下，仅用二十天从容完成任务，就连尧舜举事、周公建都，也无法与此相比，主张应该提高安汉公宰衡一职的地位，使之凌驾于诸侯王（地位仅次于皇帝、皇太子），并赐以束帛玉璧，大国之王规格的乘车、安车各一辆，骊马二驷（即八匹黑驹）。[2]元后应允，令有司商议赐九锡之法。

九锡，也称"九命之锡"。"九命"在《周礼·春官·大宗伯》、《周礼·春官·典命》、《礼记·王制》中均有记载，是周代官爵的最高等级。因此"九锡"就成了古代帝王对有殊勋者的最高恩典。颜师古注引纬书《礼含文嘉》曰："九锡者，车马、衣服、乐县、朱户、纳陛、武贲、斧钺、弓矢、秬鬯。"[3]王莽是历史上第一个受赐九锡之人。东汉献帝时期，曹操也曾被赐予九锡，这显然是在效仿王莽。九锡与禅让之间原本并无必然关联，不过自魏晋到唐末五代，在皇帝禅让、改朝换代时，继位者几乎都曾受九锡之礼。因此可以认为，赐九锡逐渐成为禅让"预告"和合法证明。皇帝赐予九锡时的诏书被称为九锡文。王莽九锡文可见于《汉书·王莽传上》；而魏王（曹操）的则被收录在《文选》中。六朝时期的九锡文均由当时的文章大家所作。另外，关于禅让，参见宫川尚志《六朝史研究·政治社会篇》。

元始五年（5年）春正月，王莽袷祭明堂。不久之后，由王莽召集的诸侯王都因助祭受到封赏。宣帝曾孙刘信等三十六人被封为列侯，其他人也被加封食邑、得到爵位和金帛等赏赐。这时，官民四十八万七千五百七十二人上书，请求王莽接受作为皇后父亲应得的新野土地。诸侯、王公、列侯等人也叩头要求元后加赏王莽。这时王莽再次上奏推辞，称自己并无功绩，请求元后收回关于九锡的命令，声称除完成"制礼作乐"之外，别无他求。然而，元后听从王莽心腹甄邯的进言，下达诏书。其大意如下：下令商议九锡之法，是为了满足诸侯平民等人的一致要求。诸侯和宗室成员在离开长安时，再次提出同样的请求，在得知将于夏天对安汉公进行赏赐之后，无一人不欢悦，高呼万岁离开长安。现在安汉公每逢谒见，都百般推辞，甚至以辞官作为要挟。此前制礼作乐尚未完成，朝廷不能没有安汉公，所以暂且准其请求。如今制礼作乐大功告成，大司徒、大司空等也奏称天下太平、百姓安宁（满足了王莽之前曾提出的条件）。因此，现命有司急奏九锡礼仪事宜。

于是，公卿大夫、博士、议郎、列侯张纯等九百零二人上奏："谨以六艺通义，经文所见，周官、礼记宜于今者，为九命之锡。臣请命锡。"奏章得到批准。赐予九锡的策书（又称册书），即九锡文的开头曰："惟元始五年五月庚寅（二十七日），太皇太后临于前殿，延登，请诏之曰……"由于篇幅过长，此处省略。

王莽毕恭毕敬地接受了九锡，其中包括：绿韨衮冕衣裳（由绿蔽膝龙纹衮服和冕冠组成的礼服）、玚琫玚珌（佩刀的玉饰）、句履（尖端有装饰的鞋）、鸾路乘马（饰有鸾鸟的四座马车和马匹）、龙旂九旒（九杆画有两龙蟠结的旗帜）、皮弁素积（白鹿皮冠与白裳）、戎路乘马（战车和四匹马）、彤弓矢、卢弓矢（红色与黑色的弓箭）、左建朱钺、右建金戚（立于左右两侧的红色和金色斧头）、甲胄一具、秬鬯二卣（两樽用黑黍酿造的酒）、圭瓒二（宗庙中使用的酒器）、九命青玉珪二（上圆下方的青色玉器）、朱户纳陛（红色大门与为尊者特制的台阶）。

除此之外，朝廷还赏赐王莽宗官、祝官、卜官、史官、虎贲卫士三百人、家令和家丞各一人作为辅佐。王莽在官署或府邸时，由虎贲卫士把守门户，出入者需要进行登记。修缮楚王府用以作为安汉公宅邸。其祖、祢（父）庙及后寝皆为"朱户纳陛"。陈崇又奏："安汉公祠祖祢，出城门，城门校尉宜将骑士从。入有门卫，出有骑士，所以重国也。"这项提议自然也被批准，此时的王莽可谓位极人臣。

宫川尚志称这一系列举国上下要求赏赐王莽九锡的请愿运动为"由官方导演的民运大戏"，同时指出，王莽以退为进，一面推辞封赏，一面听任这场运动发生。宫川尚志认为，后世其他受九锡者在受赐之前，通常都会建立一个自己的独立王国，而王莽在受赐前一年提出扩大封地的要求也是出于此种目的。但笔者认为，事实上王莽是坚决拒绝为其增加封地的，因此二者不能相提并论。

另外，宫川尚志还说："王莽为安汉公四年，升任宰衡，位居诸侯王之上。虽然后世的例子大多是先称王，继而称帝，但汉高祖曾留下遗言，规定'非刘氏不得称王'。所以王莽才成为宰衡，继而受赏九锡。"在研究王莽称帝过程时，这一观点非常值得参考。

毒杀平帝说

元始五年（5年）十二月，平帝染疾。当时王莽制作策书，请命于泰畤（天子祭祀天神的场所），愿意以性命换取平帝无恙。根据《尚书·金縢》记载，在周武王病倒

平帝陵（康陵）

时，周公祈求上天，愿以命相换。显然，王莽再次效仿了周公的做法。

同月丙午（十二月辛酉朔，无丙午日，不明），平帝于未央宫离世，年仅十四岁。关于汉平帝的死，自古以来有"王莽毒杀"一说，但真伪不明。《汉书·平帝纪》元始五年有云："冬十二月丙午，帝崩于未央宫。"颜师古注曰："汉注云，帝春秋益壮，以母卫太后故，怨不悦。莽自知益疏，篡杀之谋由是生，因到腊日上椒酒，置药酒中。故翟义移书云莽鸩弑孝平皇帝。"吉川忠夫在《颜师古的〈汉书〉注》中指出，颜师古所引"汉注"是早于东汉后期服虔注和应劭注的《汉书》古注，由众家所作。从上述资料来看，东汉前期的《汉书》注家很有可能直接引

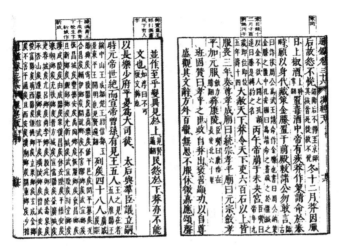

《资治通鉴》（今藩本）平帝元始五年十二月条

用翟义、隗嚣在檄文中的描述，并加入腊日习俗等细节。明确记载王莽投毒一事的史料是《资治通鉴》卷三六："冬，十二月，莽因腊日上椒酒，置毒酒中。"虽然用字略有不同，但显然沿用"汉注"的说法。

《汉书》、《平帝纪》、《元后传》、《王莽传》皆无关于投毒的记载。不仅如此，《汉书·外戚传·冯昭仪传》称平帝幼时患有眚病，孟康注云："灾眚之眚，谓妖病也。"颜师古也认为"孟说是也"。《汉书·五行志》关于"五事"之一"貌"的部分提到，如果容貌不恭，就会发生各种怪异现象，其中以疾病的形式出现在人体上的怪异被称为"痾"，严重时还长出"眚"等异物。虽然很难确定平帝的具体病症，但至少能看出其幼时体弱多病。

另外根据《后汉书·城阳恭王刘祉列传》记载，元始五年，在王莽袷祭明堂，召集诸侯王以下宗室成员至长安助祭时，南阳安众侯刘崇私下对舂陵侯刘敞说"太后（元后）春秋高，天子（平帝）幼弱"云云。串田久治也在《中国古代的"谣"与"预言"》中指出，王莽在称帝后，因元后称号问题鸩杀远亲王谏，此事可能与平帝之死相混淆，于是产生了"毒杀平帝"说，另外也很有可能是翟义为发动叛乱而歪曲事实。

就这样，人们毫无根据地把毒杀平帝当作"事实"，对王莽进行品头论足，并给其贴上狠毒政治家的标签，这是有失公允的。整件事都发生在宫墙之内，本无探明真相的可能。我们能做到的，也只有以当时的政局、王莽对于自身地位的认知以及他的政治理想、政治热情和心理状况等为线索，进而判断王莽毒杀汉平帝的概率。

王莽因毒杀平帝的嫌疑，被扣上"篡权者"的帽子。对此笔者认为，王莽当时的权力和地位已无人能及，如果站在汉室血统论的立场来看，王莽确实是不折不扣的"篡权者"；但是如果从政治与社会秩序安定的必要性的角度思考，就很难做出这一评价。

考虑到当时的政治局面与社会现状，王莽的夺权和称帝难道没有值得肯定的一面吗？

译者注：

[1]《汉书·王莽传上》："立《乐经》，益博士员，经各五人。征天下通一艺教授十一人以上，及有及有逸《礼》、古《书》、《毛诗》、《周官》、《尔雅》、天文、图谶、钟律、月令、兵法、《史篇》文字，通知其意者，皆诣公车。"公车，未央宫正门的公车令，接待上书和应召者的官署。

[2]《汉书·王莽传上》："昔周公奉继体之嗣，据上公之尊，然犹七年制度乃定。夫明堂、辟雍，堕废千载莫能兴，今安汉公起于第家，辅翼陛下，四年于兹，功德烂然。公以八月载生魄庚子奉使，朝用书临赋营筑，越若翊辛丑，诸生、庶民大和会，十万众并集，平作二旬，大功毕成。唐、虞发举，成周造业，诚亡以加。宰衡位宜在诸侯王上，赐以束帛加璧，大国乘车、安车各一，骊马二驷。"

[3]乐县指定音校音器具；朱户指红漆大门；纳陛指登殿凿的台阶；虎贲指虎贲卫士；斧钺指诛杀有罪之人的兵器；弓矢指特制的红黑色专用弓矢；秬鬯指古代用黑黍和郁金香草酿造的酒，用以祭祀和赏赐。九种礼器的象征意义超过实用价值。

| 第九章 |

王莽摄政

太子刘婴

平帝于未央宫离世之后，王莽召集通晓礼仪的宗伯凤等人议事，接着命全国俸禄六百石以上的官员服丧三年，并奏请尊成帝庙号为统宗，平帝庙号为元宗。需要注意的是，此时七庙中的哀帝庙被平帝庙所取代。根据前文所述，王莽为防范哀帝外家，便让平帝以成帝后人的身份继承皇位，移出哀帝庙的目的也是如此。在上述举措之后，王莽着手挑选皇位继承人。

当时，元帝血脉已断，而宣帝子孙后代中，除了五个被封为诸侯王的曾孙之外，还有四十八个列侯，其中也包括广戚侯刘显在内。王莽不愿这些成年子孙得势，以卜面最吉为借口，指定广戚侯刘显之子、宣帝二十三个玄孙中年纪最小者——当时年仅两岁的刘婴为皇位继承人。宣帝之子楚王刘嚣有三子，分别是刘文、刘衍和刘勋。刘嚣死后，楚王之位依次由刘文和刘衍继承。成帝河平年间（前28—前25年），刘勋被封为广戚侯。刘勋死后爵位由刘婴的父亲，即刘显继承。

平帝离世，册立刘婴的同月，前辉光谢嚣上奏，称武功县长孟通在疏通水井时发现一块上圆下方的白石，上有红字，其文曰："告安汉公莽为皇帝。"王莽命各位公卿向元后禀报。元后回应："此诬罔天下，不可施行。"这时，太保王舜劝说元后："事情到了这个地步，已经无可奈何，谁都无力阻止。况且，王莽别无他意，只是想通过摄政提高权威，镇服天下而已。"元后无法反驳，于是在王舜等人的请求下下诏称白石"为皇帝"之意为"摄行皇帝之事"，命安汉公效仿周公"居摄践祚"，以武功县为安汉公采邑，名曰汉光邑，并令有司商讨相关礼节仪式。

群臣上奏提出若干建议：首先在礼制方面大致与天子之制相同。比如，民臣在王莽面前应自称"臣妾"；举行祭祀时应称其为"假皇帝"；民臣在朝中应称王莽为"摄皇帝"，王莽须自称"予"；在处理朝政时，王莽之言即天子之言，称之为"制"。群臣在上奏时充分参考了《礼记·明堂记》、《尚书·洛诰》等文献中关于周公摄政的先例。这些建议得到元后批准。第二年，改年号为居摄元年（6年）。

根据《汉书·王莽传上》记载："居摄元年正月，莽祀上帝于南郊，迎春于东郊，行大射礼于明堂，养三老五更，成礼而去。……三月己丑，立宣帝玄孙婴为皇太子，号曰孺子。以王舜为太傅左辅，甄丰为太阿右拂，甄邯为太保后承。"王莽除了将上述心腹安插在皇帝身边之外，还设置少师、少傅、少阿、少保四个两千石的官职，想必同样由其亲信担任。

后来，王莽建立新莽，表面上把孺子婴封为定安公，封邑万户，并在其封国内修建汉室祖庙。但实际上，王莽把大鸿胪府改为定安公宅邸，并派门卫和使者守卫监督，禁止乳母与其对话。刘婴被监禁于府内，失去自由，据说长大之后连六畜（马、牛、羊、猪、狗、鸡六种家畜）的名字都叫不出。王莽将自己的孙女、长子王宇之女嫁给刘婴为妻。

王莽的女儿成为平帝皇后不到两年，就因平帝的离世成为太后。王莽在称帝后，改皇太后为定安太后，改明

平帝王皇后陵（康陵东南近侧）

光殿为定安馆，作为定安太后的宅邸。在刘氏帝位被废之后，太后常称病不参加朝会[1]。王莽打算让女儿改嫁心腹立国将军孙建长子，并改太后尊号为黄皇室主。定安太后大怒，一病不起，王莽也不再勉强。后来，汉军攻进长安诛杀王莽，火烧未央宫，定安太后说了句："何面目以见汉家！"便纵身投入火海，年仅三十二岁。

至于孺子婴，《后汉书·光武帝纪》有载，建武元年（25年）春正月，平陵方望拥立孺子婴为天子。而根据《汉书·宣元六王传》的记载，在更始帝（译者注：刘玄）诛杀王莽，入主长安时，孺子婴也在长安，平陵方望等人通晓天文，预言更始政权必将覆灭，认为孺子婴才是皇位的正统继承人，于是起兵挟孺子婴至临泾（甘肃省镇原县东南），立其为天子。更始帝派遣丞相李松击溃方望军，诛杀孺子婴。

倒莽运动

其实在王莽成为摄皇帝之后，就有人担心王莽会篡夺刘氏政权，其中危机感最为强烈的就是宗室成员们。

居摄元年（6年）四月，南阳郡安众侯刘崇与其侯国相张绍密谋："安汉公王莽独揽朝政，必将危害刘氏一族，天下虽然很多人对其心怀不满，但无人敢率先举事，这简直是宗室的耻辱。如果我率领宗族起义，天下之人必将响应。"[2]于是，张绍率领随从百余人，从安众（河南省邓州市以东）向南阳郡郡府宛县发起进攻，但遭遇宛县抵抗，兵变失败。

张绍是宣帝朝张敞之孙张竦的堂兄。根据《汉书·张敞传》记载，张竦在王莽时期官至郡太守，并被封为列侯。张竦博学文雅，但政治能力不及其祖父。张竦与刘崇族父刘嘉一起来到长安归顺王莽，得到赦免。

当时张竦为刘嘉起草奏文，首先赞美王莽为刘氏一族尽心尽力，然后对刘崇的反叛进行谴责，列举古人污损反叛者宫室和社宫的例子，建议王莽同样处置。王莽阅后大喜，群臣也纷纷表示赞同。刘嘉被封为帅礼侯，其七个儿子被封为关内侯；张竦被封为淑德侯。当时长安城内流传一首歌谣："欲求封，过张伯松（张竦，字伯松）；力战斗，不如巧为奏。"张竦的提议被采纳，刘崇宅邸被改为"汙池（污水池）"[3]。之后的谋反者也被同样处置。群臣又上奏称，刘崇等人谋反是因为王莽的权势不足，因此应该进一步强化权威、提高地位。

同年五月，元后下诏，允许王莽在朝见元后时不必称臣，可以像在宗庙祭祀时那样称"假皇帝"。

刘崇叛乱被扼杀在萌芽阶段。但后来发生的以倒莽为目的的叛乱规模之大，甚至让王莽也捏了一把冷汗，那就是丞相翟方进之子翟义发起的叛乱。《汉书·王莽传》和《汉书·翟义传》记载了这件事的始末。

　　翟义是翟方进的小儿子，因父亲的丞相身份，以父荫成为郎官，二十岁就被任命为南阳郡都尉（掌管郡内军事）。时任南阳县令的是与曲阳侯王根结为姻亲的刘立。翟义以太守名义巡察郡内各县，刘立没有把年少的翟义放在眼里，被激怒的翟义借召见刘立之机，以监守自盗等罪名将其收押在都尉府邓县（河南省郑州市）的大牢中。王根得知后向汉成帝禀报此事，汉成帝问起此事，翟方进随即命令翟义释放刘立，并说道："黄口小儿不知为吏之道，以为收押入狱就能致人于死地。"[4]

　　翟义后来因触犯法律而被罢官，但不久后又历任弘农太守、河内太守、青州牧等职，颇有名气，还出任东郡（首府位于河南省濮阳县）太守。与刘立的纠葛，正发生在其担任东郡太守的几年之后。

　　居摄二年（7年）四月，翟义与东郡都尉刘宇、严乡侯刘信、刘信之弟武平侯刘璜等人密谋并结盟。东郡王孙庆精通兵法，有勇有谋，当时被召至京城。翟义伪造公文，称孙庆犯重罪，应即刻逮捕遣送东郡。又在九月都日（举行军事演习的日子）斩杀县令，控制其车骑与材官士，招募郡内勇士，部署将帅。严乡侯刘信是东平王刘云之子。如前文所述，东平王刘云受息夫躬、孙宠等人诬告而自杀。其后东平王位由刘云之子刘开明（刘信的哥哥）继任，刘开明膝下无子，在他死后，东平王位由刘信之子刘匡继任，翟义在起兵时合并东平国（首府位于山东省东平县），立刘信为天子，自号大司马柱天大将军，任命东平王傅苏隆为丞相，东平国中尉皋丹为御史大夫。

至此，三公制完备，临时政权组建完毕。

接着，檄文时间回到同年的五月，当时王莽果断推行首次货币政策。他首先铸造新币，"错刀，一值五千（一枚错刀币相当于五千枚五铢钱）[5]，契刀，一值五百，大钱（也称大泉），一值五十[6]，与五铢钱[7]并行"（译者注：见《王莽传上》）。当时民间出现很多制假币者。另外，王莽还规定列侯不得持有黄金，下令御府（少府属官，执掌金钱、刀剑、玉器等）收缴黄金并进行相应赔付，但列侯最终并没有获得赔偿。想必这种做法导致诸多列侯不满，而这种不满情绪也被谋划反叛的翟义等人所利用。

翟义檄文曰："莽毒杀平帝，摄夺天子之位，想要断绝汉室，今要替天行道，共诛王莽。"[8]"毒杀平帝"说由此而起，加深了人们心中的疑虑。正因如此，当叛军到达山阳郡时，人数已扩张到十多万人。可见，反叛军的舆论战颇为奏效。

在得知叛军进攻的消息之后，王莽大惊失色，寝食难安。他随即把亲信孙建、王邑、王骏、王况、刘宏、王昌、窦况七人封为将军。七人挑选关西人任命为校尉军吏、率领关东士兵迎击翟义叛军。同时，王莽还把羲和刘歆等人也封为将军，命其分别驻守函谷关、武关、南阳郡宛县、长安以东的霸上等军事要地，并安排王恽等人坚守都城长安。

王莽对群臣说：当年，周成王年幼，周公摄政，管、蔡拥立武庚叛乱。现有翟义拥立刘信造反。古之大圣人尚且惧怕这种事态，更何况我这样无才无德的小人物。[9]群臣则回应道："不遭此变，不章圣德。"于是，王莽效仿《周书》写成一篇《大诰》。其篇首云："惟居摄二年十月甲子，摄皇帝若曰，大诰道诸侯王三公列侯于汝卿大夫元士御事。"《大诰》被收录在《汉书·翟方进传附翟义传》中。王莽派遣大夫桓谭前往全国各地发布《大诰》，以表明自己日后归政于孺子婴之态度。桓谭返回长安之后，被封为明告里附城。

诸将军率兵出发，在陈留郡甾县（河南省商丘市西北）与翟义叛军交战。王莽军获胜，刘璜被斩首。王莽大喜，昭告天下刘信二子已死，翟义的母亲、兄长及亲属二十四人被处以磔刑，曝尸于长安街市。立下军功的车骑都尉孙贤等五十五人被封为列侯。王莽军士气大涨，于圉县（河南省睢县以西）围攻翟义叛军，并将其一举击破。翟义和刘信弃军而逃，前者于固始县（河南省太康县以南）被捕，被处以磔刑，曝尸于长安街市，后者则不知所踪。

在发生叛乱初期，翟义起兵的消息传到长安附近时，长安以西的槐里县（陕西省兴平市）的赵明与霍鸿等人也趁乱起兵造反，与翟义遥相呼应。他们起兵的动机不明，或许与当时西羌叛乱攻打西海郡有关。赵明等人认为诸将军已带兵东征，京师空虚，于是打算乘虚而入。王莽大惊，派将军王奇和王级率兵拒敌。太保甄邯被封为大将军，于高祖庙受钺（阔斧，军队最高司令官的标志），驻守长安城外。宫殿内则由王莽心腹王舜、甄丰不分日夜地严加戒备。在赵明等人起兵叛乱的同时，武帝茂陵（位于陕西省咸阳市与兴平市之间）以西二十三县盗贼并起。赵明等人集合众路人马，自称将军，攻打并烧毁县衙，杀死右辅都尉和麓县（陕西省武功县以西）县令，抢劫官员，掠夺百姓，叛军人数多达十余万。在长安城未央宫前殿甚至可以看到县衙的大火。王莽日夜抱着孺子婴向祖先和天地祈祷，并派出甄邯、王晏等人向西迎击赵明。

第二年，王邑等人的军队打败翟义叛军回到长安，随即向西进发。二月，赵明等人被剿灭，各县恢复安定。王莽在白虎殿设宴慰劳将帅，大行封赏。《王莽传上》有云："莽既灭翟义，自谓威德日盛，获天人助，遂谋即真之事矣。"同年十二月，王莽登基称帝。

王莽平毁翟义宅邸，掘成污池，破坏汝南翟方进墓和祖坟，烧毁棺椁，诛灭其三族。王莽在诏书中引用《春秋左氏传·宣公十二年》楚庄王语，效仿古代圣王在讨伐不义之人后，作"京观（收集敌人的尸首，封土而成的高冢）"以示胜利的做法，下令在翟义、赵明的根据地等五地建造方六丈、高六尺的"京观"，树立木牌，上书"反

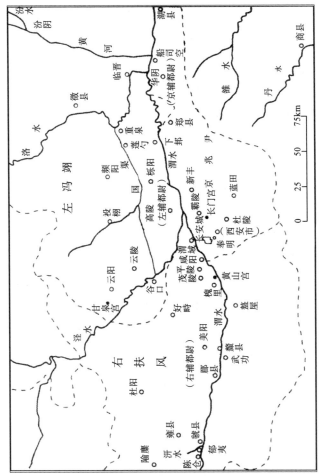

长安周边（三辅）图

虏逆贼鲸鲵（反贼头目）"，以示其罪。这也是王莽习惯依据儒家经典行事的一个典型例子。

《汉书·翟义传赞》引班彪论曰："王莽之所以崛起，是因为借助天威。因此即使有孟贲、夏育这样的勇士也无法与之抗衡。翟义不自量力，心怀忠诚发愤起事，最终导致灭族，可悲！"[10]诚如斯言，王莽进行独裁统治初期，人心所向，如日中天。在这种情况下，想要推翻王莽当然是极为困难的。

笔者认为，翟义叛乱虽然是王莽政权的一次重大危机，但同时也为王莽称帝起到推波助澜的作用。王莽因平定叛乱而建立信心，发生于长安的楚王拥立事件并没有给他带来很大打击。《王莽传上》对于此事只作简单记载：居摄三年，即初始元年（8年）十一月，"期门郎张充等六人谋共劫莽，立楚王。发觉，诛死"。就在此事发生数日后，王莽称帝。

可见，对于此时的王莽来说，时机已经成熟。

成竹在胸

居摄三年二月，王莽军成功镇压翟义、赵明叛军后凯旋。王莽于白虎殿设宴犒劳将帅，令陈崇负责评定诸将帅功劳，并亲自奏请元后，以《孝经》中孔子语和"制礼作乐"方针为依据，提议采用周朝的五等爵位制度，授予平乱功臣公、侯、伯、子、男爵位，将封地划分为四等（公一等、侯伯二等、子男三等、附庸四等）。王莽的提议得到批许，于是数百名有功之臣，高至侯、伯，次为子、男，应当赐爵关内侯者，更名为附城（与附庸相同）。在翟义叛乱尚未平定时，桓谭在全国各地发布王莽亲笔写成的《大诰》而立下大功，被封为明告里附城。

王莽采用五等爵制度，意在废除秦朝以来的二十等爵制，恢复周制。这跟三公制一样，是汉制改革中的一环。但二十等爵位与五等爵位制度为何种关系；民爵的功能和效力是否存续这两点仍不明确。之所以这样说，是因为始建国元年（9年）秋，吏爵加封两级，民爵加封一级爵位，女子获赐"百户羊酒"[11]。笔者认为，这个阶段的五等爵位制只是为平乱功臣特设的褒奖制度，而不是对汉朝二十等爵制的全面改革。

成功镇压叛军的王莽成竹在胸，一步步为登基称帝做准备。居摄三年九月，王莽的母亲功显君去世。羲和刘歆与博士、诸儒七十人就王莽服丧问题进行商议后上奏，称应与天子吊诸侯之礼相同，奏书结尾可见"以应圣制"一语。"圣制"指《周礼》中的周朝礼乐制度，也是群臣商议王莽服丧一事时的重要参考依据。这篇奏书频繁使用"圣"字，因此也可以说是一篇王莽礼赞。文章陈述王莽作为摄皇帝"开秘府，会群儒，制礼作乐"，恢复周礼，继承夏商传统等功绩，感叹这种功绩只有圣人才能做到。

实际上，《周礼》自古就被称为"群疑之府"，存在各种争议。

关于《周礼》的成书问题暂且不论，可以确定的是，王莽和刘歆一样，充分地利用了古文经学文献《周礼》。

诸士去就

王莽在施行赈恤政策、笼络官民的同时，还介由心腹，通过人事考核等手段，把忠于自己的官员安插到中央或地方，以加强政权的稳定，但始终有一些人不愿屈从。对于那些名士，王莽因心存顾忌，于是反复延聘。拒绝出仕为王莽服务的南阳卓茂和孔休已在前文提及。那么，其他士人的去就又如何呢？

楚国彭城（江苏省徐州市）名士龚胜与楚国武原县的龚舍二人在当时被人们尊称为"楚两龚"（校者按：参见《汉书·两龚传》）。汉哀帝曾召见两龚，并把他们封为谏大夫。后来，龚舍因病隐退乡里，龚胜则历任多个官职，得到哀帝的恩宠。除两龚之外，哀帝还延聘许多名士，其中有琅琊（山东省胶南市南部）邴汉。邴汉因品行端正而闻名，官至京兆尹、太中大夫，哀帝离世、王莽掌权后，龚胜与邴汉皆"乞骸骨"（自请退职）。元始二年（2年）六月，王莽效仿昭帝朝韩福先例，请元后下策书准许二人辞官，并进行一系列的封赏和优待：赐布帛，安排公设驿站以供途中住宿；每年正月赏赐羊、酒等物；为他们的子孙后代提供郎官职位。在龚胜归隐之前，龚舍早已在乡里讲授鲁诗。后来，中央派遣的地方官在走马上任时无一例外都会到其家中拜访，行弟子之礼。龚舍于王莽居摄年间辞世，享年六十八岁。王莽在称帝后（初始元年十一月），便派出五威将帅奉羊、酒慰问龚胜。

　　始建国元年（以初始元年十二月为正月），王莽派使者招请龚胜出任新设的讲学祭酒一职，但龚胜以生病为由拒绝。始建国三年（11年），王莽新设太子师友祭酒一官，企图使用手段强制龚胜上任。郡太守、三老、县长吏及诸生等一千多人与使者一同来到龚胜家乡。使者宣读诏书，授予印绶、将安车驷马引入其家中，对龚胜说："圣朝未尝忘君，制作未定，待君为政，思闻所欲施行，以安海内。"龚胜回应道："素愚，加以年老被病，命在朝夕，随使君上道，必死道路，无益万分。"使者极力劝说，甚至上前试图以印绶强加其身，但龚胜推辞不受。使者非常为难，于是上报："方盛夏暑热，胜病少气，可须秋凉乃发。"朝廷下诏批准。其后，使者与太守每隔五天便来问候饮食起居，并劝说龚胜二子及门人高晖等人："朝廷虚心待君以茅土之封，虽疾病，宜动移至传舍（驿站房舍），示有行意，必为子孙遗大业。"高晖等人把使者的话转达给龚胜，于是龚胜意识到旁人不会认可自己的志向，便对高晖等人说："吾受汉家厚恩，亡以报，今年老矣，且暮入地，谊岂以一身事二姓，下见故主哉？"然后留下遗言："衣周於身，棺周於衣。勿随俗动吾冢，种柏，作祠堂。"之后就不再开口进食，于十四天之后辞世，享年七十九岁。

之所以对龚胜与王莽之间的往来进行详细介绍，是因为从中可以看出两者的敌对关系。哀帝曾遣王莽就国南阳，因此王莽对哀帝持彻底否定态度。这一点从王莽让平帝作为成帝后人继承大统也可以看出。龚胜深受哀帝信赖，得到莫大的恩宠。因此对于龚胜来说，为否定哀帝的王莽效力是背信弃义，乃万不可为之事，更何况龚胜还是一名效忠汉室的忠义之士。另一方面，对于王莽来说，当时只有龚胜入朝为官，才能让名士们承认其政权的合法性，如果不能，那么在儒家思想中，自己就成了无法招贤纳士的无德之君。这样来看，面对王莽的要求，龚胜除了自杀以外别无他法。而上述的你来我往，也可视为敌对双方之间的一场政治交锋。

不过，也有一些清名之士虽然也跟龚胜一样受到王莽的大力招请，但却巧妙地全身而退。齐郡薛方原本在当地担任郡掾祭酒，当时王莽以安车迎其上任，薛方对使者说："尧舜在位，民间才出现了巢父、许由这样的贤者。如今陛下圣明大兴尧舜之道，小臣也打算像先贤那样守节隐居。"[12]听了使者的回禀，王莽喜出望外，不再勉强薛方。薛方通过激起王莽心中对圣王的向往，从而得以隐居全志。

《汉书·鲍宣传》末尾处除了薛方巧拒王莽一事，也记录了很多当时名士的悲惨遭遇和在王莽执政后的去就，等等。鲍宣是惨遭王莽杀害的名士之一。根据《汉书·鲍宣传》记载，平帝即位后，王莽擅权，密谋篡夺帝位。他授意各州郡编造罪名陷害诛杀豪杰之士和忠于汉朝不愿服从自己的大臣。鲍宣及何武等人都被处死。[13]鲍宣与王莽一派孔光交恶，而何武则在王莽第二次出任大司马时和公孙禄一起参与竞争。至于鲍宣，则是在毫不知情的情况下，与登门拜访的通缉犯辛兴、女婿许绀吃了一顿饭，因而连坐，后来在狱中自杀身亡。汉律规定，与罪犯来往三天以上，即以"知情"连坐，"不知情"则不连坐。显然有人蓄意陷害鲍宣，不惜曲解法律也要让其入狱。《后汉书》收录鲍宣之子鲍永的传记，其中描述了王莽对异己者亲属的赶尽杀绝。

如上文所述，王莽对文人和官员采取各种手段，千方百计地想获得他们的支持。而对于文人和官员来说，王莽居摄时期是他们进行去就抉择的关键时刻。根据《汉书·鲍宣传》记载，郭钦和蒋诩就这个时期做出了选择。郭钦来自三辅之一右扶风，官至丞相司直，平帝朝任南阳太守，而来自杜陵（西安市雁塔区）的蒋诩任兖州刺史，二人因"廉直"闻名。在王莽摄政之后，二人托病辞官，回到故乡之后足不出户，后来在家中去世。另外，根据

《后汉书·独行传》中《李业传》的记载，李业是广汉梓潼人，元始年间举明经科出任郎官，在王莽居摄[14]之后，便以生病为由辞官，闭门不出，不应州郡之命，甚至面对太守刘咸强硬手段也不屈服，在王莽即位之后举方正科[15]。王莽打算把李业任命酒士，监管酒的贩卖和收益——酒专卖制度是王莽推行的六筦政策之一——但李业却借病推脱拒绝上任，并隐居深山，平安度过新莽时期。

　　有很多与王莽对立之人，因拒绝或逃避为新莽政权服务而落得悲惨下场。不过事实上，既不站在王莽一方，积极支持其政权，同时也不逃避并选择继续做官的，更大有人在。

译者注：

[1]《汉语大词典》释义："朝会：谓诸侯、臣属及外国使者朝见天子。"

[2]《汉书·王莽传上》"安汉公莽专制朝政，必危刘氏。天下非之者，乃莫敢先举，此宗室耻也。吾帅（率）宗族为先，海内必和。"

[3]汙同"污"，平毁罪犯的宅邸、祖坟等掘成水池。

[4]《汉书·翟义传》："小儿未知为吏也，其意以为入狱当辄死矣。"

[5]错刀，货币名，刀形，规定一枚值五铢钱五千。

[6]大钱，形状大于五铢钱，规定一枚值五铢钱五十。

[7]五铢钱：钱币名。为汉武帝元狩五年始铸，重五铢，上篆"五铢"二字。自汉历魏、晋、六朝至隋皆续有铸造，唯形制大小不一。

[8]《汉书·王莽传上》："莽毒杀平帝，摄天子位，欲绝汉室，今共行天罚诛莽。"

[9]《汉书·翟义传》："昔成王幼，周公摄政，而管蔡挟禄父以畔，今翟义亦挟刘信而作乱，自古大圣犹惧此，况臣莽之斗筲。"

[10]《汉书·翟义传》："当莽之起，盖乘天威，虽有贲、育，奚益于敌？义不量力，怀忠愤发，以陨其宗，悲夫！"

[11]"百户羊酒"，即以百户为单位赏赐羊和酒。

[12]《汉书·鲍宣传》："尧、舜在上，下有巢、由。今明主方隆唐、虞之德，小臣欲守箕山之节。"

[13]《汉书·鲍宣传》："平帝即位，王莽秉政，阴有篡国之心，乃风州郡以皋法案诛诸豪桀，及汉忠直臣不附己者，宣及何武等皆死。"

[14]《汉语大词典》释义："因皇帝年幼不能亲政，由大臣代居其位处理政务，谓居'摄'。"

[15]《汉语大词典》释义："贤良方正：汉代选拔统治人才的科目之一。始于汉文帝。被举者对政治得失应直言极谏。如表现特别优秀，则授予官职。武帝时复诏举贤良或贤良文学。名称时有不同，性质无异。历代往往视作非常设之制科。"

第十章

王莽称帝

符命与图谶

根据《汉书·王莽传上》记载，居摄三年，即初始元年（8年），宗室广饶侯刘京、车骑将军千人（官名）扈云和太保属吏臧鸿等奏报"符命"。刘京称，在齐郡临淄县（山东省淄博市）昌兴亭突然出现一口井，扈云称巴郡出现石牛，而臧鸿则称右扶风雍县（陕西省凤翔县）出现一块文字刻石。石牛与石文被送至未央宫前殿，王莽欣然迎受。

何为"符命"？"符"指符节或符信，使用木材等材料制成。一分为二，两半相合即为"符合"。符节是来自某种权威的命令或恩宠的"象征"，"符合"即可证明其有效性。而"符命"的"命"，则与武功县长孟通发现的上圆下方，上有朱书的白石一样，是天命的"象征"，这些上天预示帝王受命的"象征"被称为"符命"。由于这类"象征"是一种祥瑞之兆，因此也被称为"符瑞"。

　　同年十一月二十一日，王莽向太后禀报三人所奏"符命"[1]：宗室广饶侯刘京上书称，今年七月，齐郡临淄县昌兴亭亭长辛当一夜多梦，梦到有人自称天公的使者，代表天公告喻："摄皇帝当为真"，并声称亭中会出现一口新井为证。亭长早晨起来查看，确实出现了一口百尺深的新井。另外，于十一月九日冬至现世巴郡的石牛，于十五日现世右扶风雍县的石文皆被送至未央宫前殿。是时狂风大作，沙尘蔽日。风停之后，石前出现"铜符"和"帛图"，上书："天告帝符，献者封侯。承天命；用神令。"

　　"铜符帛图"互言，"符"与"图"之意相通。下节将涉及的"金匮图"和"金策书"中的"图"与"书"，当然也与预言有关。班固在《汉书·五行志》开篇引《易经》曰："'天垂象，见吉凶，圣人象之；河出图，洛出书，圣人则之。'刘歆以为虙羲氏继天而王，受河图，则而画之，八卦是也；禹治洪水，赐雒书，法而陈之，洪范是也。"《论语·子罕》有云："子曰：'凤鸟不至，河不出图，吾已矣夫！'"[2]孔子借凤凰不出，河图不现，感叹世无圣君明主。古时人们认为凤凰出现是一种祥瑞之兆，预示圣明天子的出现。在秦汉时期，人们相信凤凰、麒麟等瑞兽的出现是善政的有力证明。当时祥瑞说作为一种神秘主义思想，与灾异说并行于世。

灾异说虽由董仲舒确立，但其后的发展方向并不在其意料之内。灾异和祥瑞不仅象征上天对施政好坏的警示或赞许，还被认为是对未来事件的启示，即所谓的预告或预兆，是对预知未来的一种想象。比如，《汉书·五行志中之下》中有这样一则记载：汉昭帝时，上林苑中一棵折断倒地大柳树一日突然直立重生，长出枝叶，长出叶子被虫子啃食，呈现"公孙病已立"字样。董仲舒的徒孙眭孟云："木阴类，下民象，当有故废之家公孙氏从民间受命为天子者。"当时辅佐昭帝，掌握政权的霍光认为眭孟妖言惑众，将其处死。不久之后昭帝死去，未留下子嗣。昌邑王刘贺被立为帝，但胡作非为，于是被霍光废除。其后昭帝兄长卫太子的孙子被立为天子，是为汉宣帝，宣帝本名"病已"[3]

董仲舒本人虽然反对通过灾异预测未来，但这种思想逐渐兴盛，到了西汉后期，对未来进行预测的"谶纬"思想开始流行。在第五章中提到的夏贺良等人奏请哀帝再受天命就是一例。

"谶"也被称为"图谶"，原指预言，与"纬"没有直接关联。"纬"本指与纵线"经"相对应的横线，即"纬线"，"纬书"原指对儒家经典中的神秘主义内容做出解释的著作。后来，以神学附会儒家经典，结合天文占验、灾异说、祥瑞说、阴阳五行说进行预言，其文字记录被称为"纬书"，而依据图谶或纬书进行预言的思想被称为谶纬思想。关于谶纬思想和纬书等内容，本书主要参照安居香山所著《纬书与中国神秘思想》。

王莽称帝

如前文所述，王莽于居摄三年，即初始元年（8年）十一月甲子（二十一日）向元后上报"符命"。在奏文的最后，王莽明确提出若干要求：在向太皇太后（元后）和平帝皇后上奏时也称"假皇帝"；号令天下和天下上奏时不言"摄"；以居摄三年为初始元年；在孺子婴加元服后归政；等等。王莽的要求被批准。班固对此称，王莽企图通过奏符命引发群臣讨论和上奏，从而一步步走向帝位，其狼子野心，路人皆知。[4]

根据《汉书·王莽传上》记载，广汉郡梓潼县（四川省梓潼县）哀章当时在长安求学。此人品行不端，好说大话。他在王莽摄政后，制作铜匮和两条印检，其中一条写着"天帝行玺金匮图"，另一条写着"赤帝行玺某传予皇帝金策书"。金策书印检上的"某"字是对汉高祖刘邦的避讳，策书中言"王莽为真天子，皇太后如天命"。金策书和金匮图中还写有十一个名字，其中包括王莽的八个大臣、王兴王盛二人——取兴盛之意——和哀章本人，并写明各自官爵，即应以十一人为辅佐之意。

十一月二十三日黄昏，哀章着黄衣，携铜匮至高祖庙，交与守卫高祖庙的仆射。仆射上报上司宗伯。第二日早晨，宗伯刘宏上报王莽。王莽立即召集公卿商议，但并未得出结论。第三日，即二十五日（戊辰），王莽前往高祖庙拜受象征"神嬗"（译者注：颜师古注云："嬗，古禅字。言有神命使汉禅位于莽也"）的金策书和金匮图。接着，王莽戴着王冠，拜见元后，之后便返回未央宫前殿下诏：

予以不德，托于皇初祖考黄帝之后，皇始祖考虞帝之苗裔，而太皇太后之末属。皇天上帝隆显大佑，成命（已定的天命）统序，符契图文，金匮策书，神明诏告，属（颜师古注："属，委托也"）予以天下兆民。赤帝汉氏高皇帝之灵，承天命，传国金策之书，予甚祗畏，敢不钦受！以戊辰直定（历注中的十二值。颜师古注："于建除之次，其日当定"），御王冠，即真天子位，定有天下之号曰新。其改正朔，易服色，变牺牲，殊徽帜，异器制。以十二月朔癸酉为建国元年正月之朔，以鸡鸣为时。服色配德上黄，牺牲应正（天性）用白，使节之旄旛（幢幡、旗帜等）皆纯黄，其署曰"新使五威节"，以承皇天上帝威命也。

二十一日，王莽向元后禀报符命之事；同日，改元；二十五日，下诏即位。短短几日的一系列行动可谓电光石火，想必王莽早就做好了周密的准备。始建国元年为公元

9年。这一年，王莽五十四岁。

2000年秋至2001年春，中日联合考古队在汉长安城桂宫四号建筑遗址进行发掘，出土遗物中有一块与王莽即位有关的玉牒。玉牒，即祭天时书写祭文的玉版。根据刊于《考古》2002年第1期的《汉长安城桂宫四号建筑遗址发掘简报》一文记载，该玉牒残长13.8厘米，宽9.4厘米，厚2.7厘米，青石质，阴刻篆体朱书，现存29字。从其中"封坛泰山"和"新室昌"数字，可以推断此玉牒是王莽为泰山封禅而制。所谓封禅，指受命的帝王在山东省泰山上举行的祭天仪式"封"，和在泰山下梁父山举行的祭地仪式"禅"。

历史上最早举行封禅的是秦始皇。根据《史记·秦始皇本纪》的记载，"二十八年（前219年），……（始皇）上泰山，立石，封，祠祀。下，风雨暴至，休于树下，因封其树为五大夫。禅梁父"。此文后收录秦始皇所立碑文，但其中不见"受命"、"告天"等语。继秦始皇之后在泰山举行封禅的是汉武帝。《史记·封禅书》记载武帝于元封元年（前110年）进行的封禅："封广丈二尺，高九尺，其下则有玉牒书，书秘。礼毕，天子（武帝）独与侍中奉车子侯上泰山，亦有封。"王莽大概是为了效仿秦皇汉武，于是才在受命后于泰山举行封禅，以告上天。

这块玉牒为何会出现在长安城桂宫遗址内？这有些不

玉牒

可思议。根据《汉书·王莽传中》记载，始建国四年（12
年），王莽命令大臣准备巡狩东方的礼仪调度。在诏书
中，王莽称要效仿祖先虞帝，巡视五岳，并将日期定于始
建国五年（13年）二月。但就在群臣为巡狩进行准备的过
程中，王莽以元后的健康状况不佳为由下令中止巡狩计划
（始建国五年二月，元后卒）。据此推测，这块为东巡时
的泰山封禅制成的玉牒很有可能还未来得及使用，就在王
莽政权覆灭后，被毁坏并丢弃于桂宫附近。不过，在始建
国天凤元年（14年）的诏书和群臣上奏中可以看到，王莽
当时计划于始建国天凤七年（实际上是地皇元年）巡狩，
于第二年，即始建国天凤八年迁都洛阳。因此这块玉牒也

有可能为始建国天凤七年的巡狩而制。

传国印玺

《汉书·王莽传中》开篇记载："始建国元年（9年）正月朔，莽帅公侯卿士奉皇太后玺韨，上太皇太后（元后），顺符命，去汉号焉。"结合《元后传》的相关记载来看，王莽在十一月二十五日下诏即位之后，为解决元后拒绝授予传国玺一事，委派深得元后信赖的王舜进行斡旋：太后见王舜前来朝拜，知其为王莽求传国玺而来，便怒骂道："王氏父子宗族蒙汉室之恩，富贵累世，已无以为报，却在受人托孤后，乘机窃国，忘恩负义。人如此者，狗猪不如，天下无人比你们兄弟更卑劣！你们打算利用金匮符命称帝，变更正朔服制的话，也该重制印玺，传之万世，要亡国不祥之玺何用？我乃汉室老寡，命不久矣，就算将此玺带入坟墓，也不会交给你们！"太后一边骂，一边落泪。王舜也悲从中来，不能自止，过了很久才抬起头来对太后说："臣等无话可说。但王莽势在必得，拒交印玺非长久之计！"太后见王舜恳切，同时也担心王莽的胁迫，就拿出印玺，掷之于地说："我年老将死，尔等兄弟，将有灭族之灾！"王舜拿到印玺后回禀王莽，王莽大喜，为太后在未央宫渐台摆酒设宴，与众人纵情享乐。[5]

这一幕被班固记录于《汉书·元后传》中。另外，根据《元后传》记载，此传国玺即汉高祖灭秦时，秦王子婴向高祖献上的秦始皇印玺。不过，栗原朋信在《文献中出现的秦汉玺印研究》中指出，西汉并无此玺，传国印玺最早出现于东汉光武帝朝，应该是为证明东汉王朝的正统性而制。栗原朋信认为，《元后传》中关于传国玺授受的记载并非史实，而是站在东汉王朝的立场上，为否定王莽禅让革命的合法性，定义其为篡夺者而进行的文学加工；文中传国玺指的应该是六玺（"皇帝行玺"、"天子行玺"等六枚皇帝专用印玺）。结合栗原朋信的观点进行推测，班固在《元后传》中加入印玺授受一幕的目的，可能是为了改变王莽禅让革命的性质。

那么，传国玺为何会在元后手中？这是因为孺子婴当时尚未登基即位，因此传国玺被保管在元后长乐宫中。元后在哀帝离世时抢占先机，前往未央宫拿到传国玺。在平帝离世时想必也采取了同样的行动，所以传国玺才会一直在元后手中。

从元后手中夺取传国印玺后的王莽，进行的第二个部署就是更改太皇太后尊号。当时，王莽远亲王谏为讨得王莽欢心，上奏称："皇天废汉立新，太皇太后不宜保留尊号，应当废除，以奉天命。"[6]王莽随即前往东宫，将王谏的意见上报元后。元后回答得非常干脆："此言是也！"但王莽却称："此悖德之臣也，罪当诛！"这时，张永献上符命铜璧（铜璧，即玉璧形状的铜制品），上书"太皇太后当为新室文母太皇太后"。于是王莽下诏曰："念及皇天以王莽为天子，现更改太皇太后尊号为'新室文母太皇太后'，这既合新旧交代之际，又有信于汉室。哀帝朝，世人传行诏筹，祭祀西王母，此皆祥瑞之象。太皇太后当为历代之母，昭然可见。王莽敬畏天命，不敢违背！谨以令月吉日，亲率群公诸侯卿士，奉太皇太后玺绂，以顺天心，光于四海。"[7]元后对此表示接受。这正与本节开头所引用的《汉书·王莽传中》开篇的内容一致。

元后身为皇帝嫡妻，继承汉朝皇帝的正统性，同时也是王莽同族。深知元后政治价值的王莽在通过禅让革命成功实现刘王二族政权更迭后，没有在终结西汉王朝统治同时剥夺元后的尊号。他尊元后为"新室文母太皇太后"，并试图利用元后"历代母"的权威，确保新王朝的合法性。这就是王莽以符命更改元后尊号的理由。至于提起尊号一事的王谏，则被王莽毒杀；献上铜璧的张永则被封为贡符子（五等爵位中的子爵）。

即位的合法性

秦始皇是第一位"皇帝"，也被称为"始皇帝"。根据《史记·秦始皇本纪》记载，其皇帝位将由子孙后世继承，"二世、三世至于万世"。与皇位由同姓或同血统者继承的世袭制不同，在刘邦推翻秦朝建立刘氏王朝的过程中，发生了皇位的异姓转移，即所谓的易姓革命。然而，新王朝虽然建立在易姓革命之上，但在开创者死后，皇位继承又再次恢复为世袭制。德治主义帝王论观点认为，只有受天命的有德之人才有资格继承皇位，而同姓之间的皇位继承必然无法保证这一点。

《礼记·礼运》有云："大道之行也，天下为公，选贤与能，讲信修睦。故人不独亲其亲，不独子其子……今大道既隐，天下为家。各亲其亲，各子其子，货力为己。"大同之世，天下是所有人共有的，因此皇位不在家族内部世袭，只以禅让的形式传给贤能之人。这是对皇位家族化、私有化的批判。那么，在进行同姓皇位继承时，就需要一个正当理由来压制这种批判。西嶋定生从皇帝即位礼仪入手，对皇位继承等问题进行了分析和阐述，详参西嶋定生的《汉朝即位礼仪》，此处不再赘述。总之，王莽接受汉室"禅让"即位，是名副其实的易姓革命。那么，王莽即位合法性的逻辑是什么？

在汉魏禅让之际，汉献帝诏曰："夫大道之行，天下为公，选贤与能。故唐尧不私于厥子，而名播于无穷。朕羡而慕焉，今其追踵尧典，禅位于魏王（曹丕）。"（《三国志·文帝纪》注引袁宏《汉纪》）诏文中引用了《礼记》。由此来看，"天下为公"确实有效赋予了皇位异姓继承一定的合法性。然而，王莽在即位前没有得到前朝皇帝明确表示禅让之意的诏书。取而代之发挥诏书作用的，是哀章进献的"符命"——"天帝行玺金匮图"和"赤帝行玺某传予皇帝金策书"中的"王莽为真天子，皇太后如天命"。相当于上天在命令临朝称制，代行皇帝职权的太皇太后（元后）承认汉室禅让王莽的有效性。

从传国玺授受一幕可以看出，元后对此并不心甘情愿。但对于王莽而言，得到传国玺就相当于得到了能够证明前朝皇帝禅让之意的凭证。只要了解了这一点，王莽对传国玺的执着和得到印玺后的欣喜就很好理解。

让王莽感到在意和不安的是，他毕竟没有前朝皇帝禅让的直接证据。为了摆脱不安，他声称自己即位是奉上天之命：始建国元年秋，王莽在向全国颁布符命时，从"金匮图策"的原文"王莽为真天子，皇太后（元后）如天命"中将皇太后抹去，改为"高帝承天命，以国传新皇帝"，从而强调符命与上天和高祖之灵的关系。

另外，王莽在即位之际前往高祖庙拜受金匮策书这一举动也值得留意，这与其更改符命有很大关系。关于汉高祖庙的作用，西嶋定生有如下说明：汉代即位礼仪主要有二，首先，"在先帝大殓之后，于棺柩前读策文、呈玺绶，即所谓的柩前即位；其后，谒见高庙（东汉时为谒见高庙和光武庙）"。在与汉朝即位仪式有关的史料中，并没有以上天受命等神秘主义形式获得权威的记载。西嶋定生在此提出疑问："汉朝皇帝的神秘主义权威究竟从何而

来？"他注意到仪式中高祖庙和光武庙取代上帝，成为新
的拜谒对象，并得出结论：供奉在高祖庙和光武庙中的祖
灵均受天命，新帝通过拜谒的方式取得这些具有神秘主义
色彩的祖灵的认可，便获得了皇帝的权威。这一观点多少
可以解释王莽谒见高祖庙的理由，但却回答不了另一个问
题：适用于与高祖同姓的汉朝诸帝的逻辑，同样适用于异
姓的王莽吗？

　　那么，究竟王莽如何构建异姓皇位继承的逻辑体系？
在以下事例中会找到问题的答案。

　　王莽在即位后便将汉高祖庙更名为"文祖庙"。
《尚书·舜典》云："正月上日，受终于文祖"（舜于正
月朔日在尧帝祖庙继承帝位）。文祖庙即尧帝祖庙。接
着，王莽下诏曰："予之皇始祖考虞帝（舜）受禅于唐
（尧），汉氏初祖唐帝（尧），世有传国之象（译者注：
颜师古注曰：'尧传舜，汉传莽，自以舜后，故言有传国
之象'），予复亲受金策于汉高皇帝之灵。惟思褒厚（褒
重优待）前代，何有忘时？汉氏祖宗有七，以礼立庙于
定安国。其园寝庙在京师者，勿罢，祠荐如故。予以秋
九月亲入汉氏高、元、成、平之庙。诸刘更属籍京兆大
尹，勿解其复，各终厥身（译者注：复，即免除赋税徭
役。此两句为终身免除赋税徭役之意），州牧数存问，勿
令有侵冤。"

　　这封诏书记载了王莽给予刘氏子孙的优待政策，但

更深一层的用意在于，通过附会尧舜禅让的典故，证明即位与禅让之间的逻辑关系。也就是说，与舜在尧帝祖庙中接受禅让时一样，"舜的后裔"王莽也在尧帝祖庙文祖庙（汉高祖庙）接受了"神禅"。另外，将参拜汉高祖庙的时间定在九月这一点，也非常重要。

如第一章所述，王莽曾制作《自本》，即王氏族谱。诏书中的"予之皇始祖考虞帝"，正是以此为依据。根据《自本》中的描述，黄帝的第八代后裔是虞舜，而王莽则是虞舜的后裔。按照常理来说，制作《自本》应该是在王莽萌生效仿儒家尧舜禅让之说夺取汉室江山的念头之后。不过，制作《自本》的时间不得而知，《汉书·元后传》也未进行明确交代。可能是在吕宽事件发生之后，王莽才萌生称帝的念头。然而王莽在该事件之后自比周公，因此也可以说，他在被授予宰衡称号时没考虑禅让和即位。还有一个可能就是，平帝的死使王莽产生了即位的想法。无论如何，王莽在决定利用尧舜禅让称帝后，必须先解决下面这个问题。采用"五德终始说"说服世人时，该怎样将五德，即五行与各王朝进行匹配，才能使尧舜之德和汉新之德相对应。

班固在《汉书·郊祀志赞》中对汉朝的"五德终始说"进行了整理，其大致内容如下："汉朝初期，正朔、服色等没有明确规定。虽然文帝朝进行了初次郊祀，但当时张苍主张依据水德说，而公孙臣、贾谊则主张依据土德说，最终也没有定论。武帝朝礼乐制度初步完善，并于太初年间进行了制度改革，倪（兒）宽、司马迁等人采纳公孙臣、贾谊的观点，服色制度均依据汉朝土德说。此时的五德运转顺序被称为五行相胜说（即土、木、金、火、水之序）。秦朝为水德，因此汉朝以土德胜之。而（到了西汉末期）刘向、刘歆父子则认为'帝出于震（震对应东方、春、木德）'，因此包羲氏（伏羲氏）始受木德，之后'以母传子（相生），终而复始'，于是自神农、黄帝时代以降，历经尧、舜、夏、商、周几个朝代后，汉朝得火德。很久以前，共工氏虽有水德，但与同为水德的秦朝一样，处于木德与火德之间，非正运之位，有悖于五德相生之序，因此都不长久。"[8]

狩野直祯、西胁常记在《汉书·郊祀志》注释中，将刘歆等人采用五行相生说（木、火、土、金、水之序）对王朝更迭做出的解释整理如下：

木	① 太皥伏羲氏	⑥帝喾高辛氏	⑪周
闰水	共工	帝挚	秦
火	②炎帝神农氏	⑦帝尧陶阳氏	⑫汉
土	③黄帝轩辕氏	⑧帝舜有虞氏	⑬新
金	④少皥金天氏	⑨伯禹夏后氏	
水	⑤颛顼高阳氏	⑩殷（商）	

五德相生说结合《易经·说卦传》中"帝出于震"和《易经·系辞传下》中"古者包羲氏之王天下也"二句，以木德帝王伏羲氏为首位。因此，人们把伏羲氏视为最初的帝王。但根据战国末期邹衍的五行学说或《史记·五帝本纪》中的记载，黄帝才是最初的帝王。于是，刘歆等人就必须在此说基础上，加入伏羲氏、神农氏等诸神，规定闰位，采用火德生木德（五行相生说）的排序，从而避免王莽为黄帝、虞舜后裔之说与五德终始说相冲突。另外，相胜说只适用于放伐（武力革命），所以为了利用尧舜禅让即位，王莽就必须采用与禅让相对应的相生说。

当然，如果有文献记载能够明确证明尧帝是汉室祖先的话，那么以刘王禅让对应尧舜禅让会更具说服力。而这时派上用场的是明确指出刘氏乃尧帝后裔的《春秋左氏传·文公十三年》传文。正因如此，《春秋左氏传》作为古文经学文献，跟《周礼》一样被刘歆所重视。《汉书·儒林传赞》云："平帝时，又立左氏春秋、毛诗、逸礼、古文尚书。"设立这四门学官的时间应该是平帝元始四年（4年）。与此同时，为利用尧舜禅让而进行的文献学准备工作应该已经就绪。由此推测，《自本》或许也完成于这一时期，即元始年间（1—5年）后期。

高祖之灵

根据《汉书·王莽传中》记载，王莽在始建国元年（9年）正月朔日将元后的汉朝尊号改为新室文母太皇太后之后，按部就班地采取了一系列措施。

首先，他把自己的妻子王氏立为皇后。当时，王氏所生王宇、王获、王安、王临四子只剩两人。三子王安性格反复不定，于是四子王临被立为皇太子，王安则被封为新嘉辟（辟，即君）。长子王宇的六个儿子获得五等爵位制中最高的"公"爵爵位。

接着，王莽又在大赦天下的同时，策命孺子婴，封其为定安公，划五县之地为封国，即定安公国；准许国中设立汉室祖庙；采用汉室正朔、服色；还赋予其"永为新朝宾"的身份；尊平帝皇后，即自己的女儿为定安太后。在策书被宣读之后，王莽握着孺子婴的手，流涕歔欷道："昔周公摄位，终得复子明辟，今予独迫皇天威命，不得如意！"并叹息良久。中傅（负责护卫的宦官）扶孺子婴下殿，北面称臣，在场百官，无不感动。[9]

如前文所述，为王莽即位创造良机的金匮中记载了十一个辅臣的名字。这些人也分别被授予官职。王舜为太师、平晏为太傅、刘歆为国师、哀章为国将，是为四辅，位居上公。甄邯为大司马、王寻为大司徒、王邑为大司空，是为三公。甄丰为更始将军、王兴为卫将军、孙建为立国将军、王盛为前将军，是为四将。国将哀章因制作金匮成功上位，成为四辅之一，不过后来他的举动经常受到王莽的训诫。四将中的王兴原本是城门令史（城门校尉的文书官），而王盛则是卖饼的小贩。王莽依照符命找到十余个同名同姓之人，取其中容貌合卜相者予以任用。对一般人来说，想必王莽这种忠实服从符命的举动很难理解。

始建国元年这一年里发生了几件令王莽不快的事。首先是与景帝之子、胶东王刘寄一脉相承的徐乡侯刘快（成帝元延元年二月封侯）于四月结党数千人在徐乡县（山东省龙口市一带）起兵造反一事。刘快的哥哥刘殷继承其父胶东恭王刘授之位，因变更诸侯王以及四夷王号的诏令而被降为扶崇公。刘快率兵攻打其兄刘殷封国首府即墨（山东省莱西市西），刘殷紧闭城门并把自己关进监狱。即墨当地官民共同抵御进攻，刘快败走，后死于长广县（山东省莱阳市东）。王莽在对刘殷进行嘉奖、扩其土地的同时，还赦免除刘快妻儿以外的亲属的连坐之罪，并面向即墨居民慷慨地发放了阵亡抚恤金。

同年，真定（今河北省石家庄市东）刘都（与卑梁侯刘都同名）等人计划起兵造反，在事情败露后被诛。在翟义反叛被镇压之后，倒莽运动极难展开，人们对王莽政权充满期待，在这种局势下，起义难成气候。

除了叛乱之外，当时还发生了一件事，使王莽对高祖之灵的畏惧倍增。《汉书·王莽传中》只云"是岁"，通过其内容判断，应该发生于九月之前："同年，长安癫狂女子碧在路上大叫：'高皇帝大怒，趣归我国。不者，九月必杀汝！'王莽将其抓捕并处死。"[10]

王莽计划祭拜高祖庙的时间也是九月。或许是掌握诏书内容的人编造流言并灌输给碧，从而进行散布，抑或碧就是一名巫婆。《后汉书·刘玄刘盆子列传》中也有类似的事例。当时，赤眉军中常有"齐巫"祭祀城阳景王刘章，以祈求保佑。有一次，"齐巫"称景王大怒曰："当为县官（颜师古注：'县官谓天子也'），何故为贼？"嘲笑"齐巫"者都离奇生病，于是军中骚动。[11]古人听到巫祝之言，往往宁信其有。比如赤眉军领袖樊崇等人就以"齐巫"之言为依据，拥立刘盆子为帝。

人们听到癫狂女子的疯话，想必也是半信半疑，就连王莽本人也难以释怀。地皇二年（21年），王莽因"感汉高庙神灵"（颜师古解释为'梦见（高祖）谴责'，而周寿昌在《汉书注校补》中则解释为长安狂女子一事），便派遣虎贲武士入高祖庙，拔剑四面掷击，用斧头毁坏门窗，以桃汤泼洒屋壁并进行鞭打，最后还派遣一支部队驻扎在高祖庙。

《汉书·王莽传中》中也有一则与高祖之灵有关，并能够反映王莽即位后心境的记载。天凤二年（15年）二月，民间传出"黄龙堕死黄山宫中"的"讹言"（流言），有数万民众前去察看。王莽对此非常忌讳，下令抓捕传出流言的人，却一无所获。既然称之为"讹言"，当然不可能查到出处。而比流言出处更重要的是"黄龙"和"黄山宫"。"黄龙"的"黄"当然就是土德王朝新莽之色，而"黄龙"即指王莽。至于后者"黄山宫"，则指一座建于惠帝二年（前193年）的宫殿，汉武帝也曾微服出行至此。黄山宫位于渭河北岸台地之上，汉武帝茂陵正南约十公里处，即今天咸阳市以西的兴平市，其遗址尚存。王莽也曾跟随元后到此游玩，对二人来说是一座很熟悉的宫殿。想必这件事也让王莽非常不安。

串田久治在《中国古代的"谣"与"预言"》中提出了一个非常有趣的观点：在文献中无法找到批判王莽的"谣"。串田久治将"谣"解释为："由读书人创作，经由儿童或民众之口广泛传播，激发民众对政府或社会的不满情绪，以期对特定掌权者或权力机构产生影响。"他还指出："在讨论王莽之前，先入为主地把其视为汉室王朝的篡权者或背叛者是一个很大的错误。"天凤二年的"讹言"也许不属于"谣"，但其中也并非完全没有"谣"的元素。

总之，这则"讹言"使王莽非常不快，而不快的背后，应该隐含着其因称帝而产生的愧疚等情绪。从这个意义上来看，可以说这则"讹言"正符合串田久治对"谣"的解释，即对掌权者产生了很大影响。

　　笔者推测，王莽对高祖之灵的畏惧之情，与其对忠于汉室者的戒备、对新莽求心力的忧虑等情绪有关。除此之外，想必还有其面对潜在威胁时的决心。王莽意识到，想要消除不安和焦虑，就必须亲手推进自己理想中的制度改革和国家重建。

　　在下一章中，我们将看到推行新制的新莽拥有怎样的国家机构。

译者注：

[1]《汉书·王莽传上》："十一月甲子，莽上奏太后曰：'陛下至圣，遭家不造，遇汉十二世三七之阨，承天威命，诏臣莽居摄，受孺子之托，任天下之寄。臣莽兢兢业业，惧于不称。宗室广饶侯刘京上书言：七月中，齐郡临淄县昌兴亭长辛当一暮数梦，曰：吾，天公使也。天公使我告亭长曰：摄皇帝当为真。即不信我，此亭中当有新井。亭长晨起视亭中，诚有新井，入地且百尺。十一月壬子，直建冬至，巴郡石牛，戊午，雍石文，皆到于未央宫之前殿。臣与太保安阳侯舜等视，天风起，尘冥，风止，得铜符帛图于石前，文曰：天告帝符，献者封侯。承天命，用神令。'"

[2]大意："子曰，凤鸟不飞来，黄河中也不出现河图，我也就到此为止了！"

[3]《汉书·五行志中之下》："昭帝时，上林苑中大柳树断仆地，一朝起立，生枝叶，有虫食其叶，成文字，曰'公孙病已立'。……眭孟以为，木阴类，下民象，当有故废之家公孙氏从民间受命为天子者。昭帝富于春秋，霍光秉政，以孟妖言，诛之。后昭帝崩，无子，征昌邑王贺嗣位，狂乱失道，光废之，更立昭帝兄卫太子之孙，是为宣帝。宣帝本名病已。"

[4]《汉书·王莽传上》："众庶知其奉符命，指意群臣博议别奏，以视即真之渐矣"。

[5]《汉书·元后传》："舜既见，太后知其为莽求玺，怒骂之曰：'而属父子宗族蒙汉家力，富贵累世，既无以报，受人孤寄，

乘便利时，夺取其国，不复顾恩义。人如此者，狗猪不食其余，天下岂有而兄弟邪！且若自以金匮符命为新皇帝，变更正朔服制，亦当自更作玺，传之万世，何用此亡国不祥玺为，而欲求之？！我汉家老寡妇，且暮且死，欲与此玺俱葬，终不可得！'太后因涕泣而言，旁侧长御以下皆垂涕。舜亦悲不能自止，良久乃仰谓太后：'臣等已无可言者。莽必欲得传国玺，太后宁能终不与邪！'太后闻舜语切，恐莽欲胁之，乃出汉传国玺，投之地以授舜，曰：'我老已死，如而兄弟，今族灭也！'舜既得传国玺，奏之，莽大悦，乃为太后置酒未央宫渐台，大纵众乐。"

〔6〕《汉书·元后传》："皇天废去汉而命立新室，太皇太后不宜称尊号，当随汉废，以奉天命。"

〔7〕《汉书·元后传》："予伏念皇天命予为子，更命太皇太后为'新室文母太皇太后'，协于新、故交代之际，信于汉氏。哀帝之代，世传行诏筹，为西王母共具之祥，当为历代母，昭然著明。于祗畏天命，敢不钦承！谨以令月吉日，亲率群公诸侯卿士，奉上皇太后玺绂，以当顺天心，光于四海焉。"

〔8〕《汉书·郊祀志》："汉兴之初，庶事草创，唯一叔孙生略定朝廷之仪。若乃正朔、服色、郊望之事，数世犹未章焉。至于孝文，始以夏郊，而张仓据水德，公孙臣、贾谊更以为土德，卒不能明。孝武之世，文章为盛，太初改制，而儿宽、司马迁等犹从臣、谊之言，服色数度，遂顺黄德。彼以五德之传，从所不胜，秦在水德，故谓汉据土而克之。刘向父子以为帝出于震，故包羲氏始受木德，其后以母传子，终而复始，自神农、黄帝下历唐、虞三代而汉得火

焉。……昔共工氏以水德间于木、火，与秦同运，非其次序，故皆不永。"

［9］《汉书·王莽传中》："读策毕，莽亲执孺子手，流涕歔欷，曰：'昔周公摄位，终得复子明辟，今予独迫皇天威命，不得如意！'哀叹良久。中傅将孺子下殿，北面而称臣。百僚陪位，莫不感动。"

［10］《汉书·王莽传中》："是岁长安狂女子碧呼道中曰：'高皇帝大怒，趣归我国。不者，九月必杀汝！'莽收捕杀之。"

［11］《后汉书·刘玄刘盆子列传》："巫狂言，景王大怒曰：'当为县官，何故为贼？'有笑巫者辄病，军中惊动。"

第十一章

新莽诸政

官制革新

王莽在即位之前就开始了一系列的官制革新，如更改汉朝官职名称，设置新官职等。

在始建国元年（9年）发布的新官制中，主要官职有四辅、三公、四将、九卿和六监。《礼记·王制》有载："天子、三公、九卿、二十七大夫、八十一元士。"在此基础上王莽进一步划分官阶，每卿下设三大夫，共二十七大夫，每大夫下设三元士，共八十一元士，分别负责汉朝九卿的职务。《周礼》记载了三百六十个官职，而《礼记》中只有一百二十个。

从以下《新莽中央主要官职表》（1、2）和《新莽地方官职表》可以充分看出王莽对名称的拘泥程度。

新莽中央主要官职表（1）

	官职名	设置时期	职责	汉朝	备注
四辅	太师	元始元年（1年）			位居上公，四辅制发生变化
	太傅			有	
	国师	始建国元年（9年）			
	国将				
三公	大司马			有	
	大司徒			有	
	大司空			有	
四将	更始将军	始建国元年（9年）	执掌军事、四夷		后改为宁始将军
	卫将军			有	
	立国将军				
	前将军			有	
二伯	左伯	始建国二年（10年）	分别执掌东方和西方		似乎在不久后废除
	右伯				
四少	少师	居摄元年（6年）	辅佐四辅	有	俸禄二千石
	少傅				
	少阿				
	少保				

续表

	官职名	设置时期	职责	汉朝	备注
羲和	羲和	元始元年（1年）	司四时、掌管教化，后来似乎也负责辅佐四辅		源于《尚书·尧典》的羲和（二千石）统辖其他四官。始建国元年（9年），改大司农为羲和。另，天凤元年（14年），有国将和叔；地皇元年（20年）有太师羲仲、国师和仲。
	羲仲				
	羲叔				
	和仲				
	和叔				
三公司卿	大司马司允	始建国元年（9年）	隶属于三公，与六卿合称九卿	丞相司直	位居孤卿，孤位于公之下、卿之上
	大司徒司直				
	大司空司若				
六卿	秩宗	始建国元年（9年）	宗庙礼乐	太常	位居上卿
	羲和（纳言）		谷物、货币	大司农	
	作士		法律、刑罚	廷尉	
	典乐		归义蛮夷事务	大鸿胪	
	共工		山海池泽税	少傅	
	予虞		上林苑、铸钱	水衡都尉	

新莽中央主要官职表（2）

六监	司中	始建国元年（9年）	宫殿门户守卫	光禄勋	位居上卿
	太御		马车	太仆	
	太卫		宫门卫兵	卫尉	
	奋武		京师警卫	执金吾	
	军正		军中刑法	中尉	
	大赘官		天子的衣服马车		
诸司卿	都匠	始建国元年（9年）	建造宫殿、陵墓，等等	将作大匠	
	司命		处置上公以下违法者		居摄年间有司威一职
	五司		纠察群臣过失		包括司恭、司徒、司明、司聪、司容五司之下各有大夫
	诵诗工				出自《周礼·春官宗伯·瞽蒙》
	彻膳宰				出自《周礼·天官冢宰》中的膳夫
	执法		监察中央、地方政府	御史	绣衣执法与汉朝绣衣御史相同
	柱下五史	居摄元年（6年）	听政事，记录整理言行		

续表

祭酒	师友祭酒	始建国三年（11年）	各个职位的首席官员	位居上卿。此外还有始建国元年（9年）设置的讲学祭酒，以及始建国三年设立的太子师友祭酒
	侍中祭酒			
	谏议祭酒			
	讲易祭酒			
	讲诗祭酒			
	讲礼祭酒			
	讲书祭酒			
	讲春秋祭酒			
	讲乐祭酒			
其他	外史	元始元年（1年）	禁淫祀等百姓教化工作	位居元士，来源于《周礼·春官宗伯》中的外史
	闾师			位居元士，来源于《周礼·地官司徒》中的闾师
	五威将	始建国元年（9年）	平定四方的十二将	每一将分别设置前后左右中五帅
	宗伯	元始四年（4年）	掌管宗室	宗正	郡国之中为宗师
	王路四门	始建国元年（9年）	宫殿外门以及上奏者等相关事务	公车司马	

新莽地方官职表

地方官名	设置时期	汉朝	职责	备注
州牧	元始五年（5年）	刺史、牧	州监察官	元始五年改为十二州制，始建国四年（12年）改为九州制。由公爵担任
部监	天凤元年（14年）		掌管州内监部	定员二十五名，位居上大夫，分别掌管五郡
郡大尹	始建国元年（9年）	郡太守	掌管郡政	无爵位者担任郡太守时的官名
卒正			相当于太守	侯爵担任大尹时的官名
连率				伯爵担任大尹时的官名
大夫	天凤元年（14年）		负责尉、队郡政。三辅（关中地区）分为六尉郡：京尉、师尉、翊尉、光尉、扶尉、列尉。河东、河内、弘农、河南、颍州、南阳改为六队郡：兆队、后队、右队、祈队、左队、前队。各设大夫与属正。长安隶属京兆，河南郡分为保忠信与祈队	
保忠信乡		河南尹		河南郡中的保忠信长官
太尉	始建国元年（9年）			无爵位者任郡都尉时的官名
属令				子爵任太尉时的官名

续表

地方官名	设置时期	汉朝	职责	备注
属长	天凤元年（14年）	即对应太尉、属令、属长、属正、竟尉，并非仅对应属长	掌管郡级军事	男爵任太尉时的官名
属正				六尉、六队的都尉
竟尉				边境地区的都尉，由男爵出任
经师	元始三年（3年）		主管郡学	县校、庠序中亦有经师
宗师	元始五年（5年）		负责监察地方刘氏宗室	西汉九卿中的宗正于元始四年（4年）改名为宗伯
郊州长	天凤元年（14年）		河南郡六郊长官	河南郡属县增加至三十个，分为六郊，各设郊州长，每名郊州长统管五个县
乡帅			长安城旁六乡的行政长官	
县宰	始建国元年（9年）	县令长	掌管县政	

　　除官名之外，王莽也对有关建筑物名称和地名进行了更改。比如，太后居住的长乐宫改为常乐宫，未央宫改为寿成堂，未央宫前殿改为王路堂，长安改为常安等。至于王莽拘泥名称的理由，笔者认为除了为突显汉新革命之外，就官名而言，还有其依据儒家经典改秦汉旧称为新名的热情。孔子曾对子路说："必也正名乎。"（《论语·子路》）或许，王莽是受到了这句话的影响；抑或是其喜好礼乐的性格影响下的一种形式主义作风，而这种作风又决定了其特有的行为模式。以下，笔者将通过若干事例，就王莽的官制改革和新莽制度进行阐述。

　　首先是中央官制。四辅设立于元始元年（1年），分别由孔光任太师，王莽任太傅，王舜任太保，甄丰任少傅。王莽于元寿二年（前1年）六月出任大司马，接着被授予安汉公封号，之后又身兼太傅一职，在"四辅"中处于主导地位。元始四年（4年）四月，王莽被任命为宰衡。用他自己的话来说，已是"爵贵、号尊、官重"，到达了人臣能够企及的最高峰。在元始五年（5年）四月之前，大司马一职都由王莽担任，其后由马宫继任。八月，马宫被免职后，似乎无人再担任大司马一职。

　　根据《汉书·王莽传上》记载，居摄元年（6年）三月，王舜被任命为太傅左辅，甄丰为太阿右拂，甄邯为太保后承。此时王莽应该仍担任太傅，王舜的太傅左辅一职应该是太傅的辅佐。王莽在居摄三年（8年）十一月的上奏中提及"太保安阳侯舜"，也就是说，王舜自元始元年以来一直担任太保一职。不过太保与太傅左辅的关系不明。

另外，笔者也没有看到辅佐太师的官职。孔光于元始四年离世，太师之位出现空缺，然而似乎一直无人担任。居摄元年三月，设少师、少傅、少阿、少保四少，俸禄二千石。由此推测，设立于元始元年的太师、太傅、太保、少傅四辅制在居摄元年被调整为太、少两级，分别为太师、太傅、太阿、太保四辅；少师、少傅、少阿、少保四少。不过，太师为何缺位，由王舜担任的太傅左辅与太保之间为何种关系等问题仍悬而未决。另外，在居摄三年九月相关记载中可见"少阿、羲和刘歆"，说明刘歆当时身兼二职。

始建国元年，四辅制再次重编：太傅左辅王舜为太师，大司徒平晏为太傅，少阿羲和刘歆为国师，献上金匮的哀章为国将，四辅"位上公"；四将、三公则为"公"；公以下的官职等级依次为孤卿、上卿、卿（中二千石）、大夫、士；大夫又依次分为上大夫（二千石）、中大夫（比二千石）、下大夫（千石）；士分为元士（六百石）、命士（五百石）、中士（四百石）、下士（三百石）、庶士（百石）。《汉书·王莽传中》提及王莽的吏禄制度："四辅、公卿、大夫、士，下至舆僚，凡十五等。"但按照前文中的官职等级推算，自上公以下仅为十四等，与十五等不合。除上述问题之外，新莽官制和五等爵位制度下的封建制和郡县制之间的关系中还有其他不明之处。

天凤三年（16年）五月，王莽颁布吏禄制度："今诸侯（即公、侯、伯、子、男）各食其同、国、则（即封地）；辟、任、附城食其邑（封邑）；公、卿、大夫、元士食其采（采邑）。"在此之前，王莽已于居摄三年（8年）奏请施行五等爵位制度并得到批准。此时爵位分为五等，封地分为四等。根据班固的说法，此时的五等爵位为侯、伯、子、男、附城。也许是为了避免冒犯安汉公，才没有使用"公"字。事实上，此时实施五等爵位制只是为了褒奖在讨伐西海郡羌族或镇压翟义叛乱时立下战功的将领，其准确性不及后文将提及的始建国四年（12年）施行的五等爵位制。不过在该制度颁布之后，王莽的儿子王安与王临被晋封为"公"，王莽哥哥的儿子王光被封为"侯"，可见五等爵制已经初步具备实效性。始建国元年（9年），四辅以下四将以上的十一人被封为"某新公"。例如，太师王舜为安新公，国师刘歆为嘉新公。

王莽政权在管理天下时没有照搬西汉的郡国制。从废除汉朝皇子诸侯王封号来看，王莽似乎打算推行郡县制。但他同时又颁布了五等爵位制，因此也可以将其当作是实现周朝封建制的一次尝试。另外，王莽于始建国元年秋诏赐官爵、民爵，说明汉朝二十等爵位并未完全废除，制度细节仍含糊不清。地皇元年（20年），王莽封儿子王安为新迁王、皇太子王临为统义阳王，这与分封诸侯王的封建制并无不同，制度具有郡国制特征。关于汉朝诸侯王的情况可见于《汉书·诸侯王表》。在即位之后，王莽首先改诸侯王为"公"，第二年又废除其爵位，贬为庶民。而被封为列侯的刘氏一族成员的情况可见于《后汉书·城阳恭王祉传》。他们首先被授予"子"爵爵位，食孤卿之禄，但也在始建国二年被废除。不过，臣服于王莽政权的三十二名刘氏成员，则获赐"王"姓，并可保留"侯"爵爵位。

除记载于《新莽中央主要官职表》（1、2）中的官职之外，汉朝还有一些重要官职，如侍中、尚书等。这些官职被王莽原封不动地保留下来。由于内容繁杂，在此无法面面俱到地说明，仅就王莽官制中首次出现的官职——祭酒进行简单的介绍。

祭酒之名首见于新莽，其后直至清末都设有国子祭酒（大学校长）一职。"祭酒"一词在《仪礼》等典籍中频繁出现，后来指同一官职中的首席官员。比如诸多博士中的首脑人物被称为"博士[1]祭酒"。"祭酒"在新莽以前只是一个称号，而非官名。"祭酒"出现之前，同一官职中的首席官员被称为"仆射"。新莽时期，主要负责顾问应对或执掌学官的侍中、博士等官职中的首席，不再称"仆射"，而称"祭酒"。

这一举措的历史学意涵尚不明确。也许目的是轻武重文，即消除仆射一词所代表的尚武风气，提高祭祀、礼仪等文事的地位。换句话说，祭酒之名的采用从侧面体现了穷兵黩武之国向儒家礼制之国的转换。

天凤元年（14年）七月，王莽依据《周礼》和《礼记·王制》重新划分并设置地方行政区划和地方官。关于地方官的设置请参照《王莽时期地方官职表》。以下主要对地方行政区划进行说明。

始建国四年（12年）二月，王莽于明堂举行授予诸侯封邑的仪式，并下达诏书：仿照周朝的东都和西都，以洛阳为新室东都、常安（长安）为新室西都；弃用《尚书·尧典》中的十二州制，采用《尚书·禹贡》所记载的九州制；施行"公侯伯子男"五等爵位制度，诸侯定员一千八百人，与"附城"（相当于汉朝的关内侯）之数相同；现封爵者共七百九十六人，附城一千五百一十一人，王氏一族之女为"任"者八十三人。并在诏书中要求臣子尽心尽力，立功建业。在封爵者中，"诸公一同，有众万户，土方百里。侯伯一国，众户五千，土方七十里。子男一则，众户二千有五百，土方五十里"。不过，由于当时封国的土地区划尚未确定，所以诸侯皆无食邑。虽然每月可从都内（京师金库，大司农属官）领取数千钱俸禄，但日子仍不好过，甚至有人贫困潦倒。

在这种情况下，地方行政区划这一亟待落实的问题，终于在天凤元年（14年）得到解决。《汉书·王莽传上》有载："常安西都曰六乡，众县曰六尉。义阳（洛阳）东都曰六州，众县曰六队（遂）。"。根据重泽俊郎在《中国的传统与现代》中的叙述，《周礼》地方行政区划如下：以王城为中心，千里四方之内为畿内；畿内分为六个区域，以中心为基准，由近及远分别为近郊、远郊（六乡）、甸地、稍地（六遂）、县地和畺地；王城之内为住宅和果蔬栽培用地，近郊和远郊为宅田（译者注：公家分配给退休官员的养老田地）、士田（译者注：士大夫子弟所领有的田地）、牧田等特殊用地（译者注："宅田"指官员告老还乡时分配养老的田地。"士田"指士大夫子弟所领有的田地）；外围的甸地、稍地、县地、畺地四个区域为公、卿、大夫等贵族和王室子弟的世袭领地；畿外由内向外分为六服——侯、甸、男、采、卫、蛮（要），是公侯伯子男五等诸侯的世袭领地；王城中心到蛮服外部边界的距离为三千五百里，其外又有夷、镇、藩三服，即中华九州以外的夷狄之地；九服区域，纵横万里。

　　由此可知，"常安西都曰六乡，众县曰六尉。义阳（洛阳）东都曰六州，众县曰六队（遂）"以两都制为基础，以《周礼》为依据。另外，调换甸服、侯服顺序则以《尚书·禹贡》为依据。上文提到的"诸公一同，有众万户，土方百里"政策和属正、连帅（率）、卒正等王莽新设地方官官名，则出自《礼记·王制》。

基于上述地方行政区划设计，全国共一百二十五郡，分为内郡、近郡和边郡；九州之内共两千二百一十二县。王莽也更改了地方官名和郡县名称（见《汉书·地理志》），有的地名甚至变更五次，其中有些还被改回原名。官民无从记忆，于是在下达诏书时必须一一标注原名。此外，史料没有明确记载封爵者是否得到了应有封邑。天凤三年（16年）的吏禄制度的实施并不完善，于是官吏采取自保手段，滥用职权，谋取贿赂，中饱私囊，导致百姓苦不堪言。

铜制桷原器

在新莽制度中，值得一提的还有度量衡的制定。《汉书·律历志》开篇有云："至元始中，王莽秉政，欲耀名誉，征天下通知钟律者百余人，使羲和刘歆等典领条奏，言之最详。故删其伪辞，取正义，著于篇。"刘歆的上奏内容涉及数、声、度、量、权衡五个方面。在传世文物和出土文物中，有很多新莽度量衡器具，比如铜丈、铜方斗、铜衡杆和铜环权等。其中最有名的是"新莽铜嘉量"，这件量器现藏于台北故宫博物院，其制作数量似乎与当时的郡数相当，但目前仅此一件传世，非常珍贵。该量器造型奇特，与《汉书·律历志》中的描述相吻合——"其上为斛，其下为斗。左耳为升，右耳为合、龠"。根据桥本万平在《计量的文化史》中的叙述，近代学者刘复曾对该量器进行精密测量，证实汉朝的一尺为今日的二十三厘米。

实施王田制

始建国元年四月，王莽似乎已经做好了万全的准备，颁布了极具个人特色的土地制度。

王莽在诏令中称："古时八家共一庐井，一夫一妇耕田百亩，缴纳收入十分之一作为租税，如此则国家丰裕、百姓富足，颂声四起。此乃尧舜之道，为三代所奉行。秦朝残暴无道，重赋税，劳民力，以满足统治者的需求和欲望。致使圣制崩坏、井田荒废，兼并土地的现象由此而起、贪婪卑鄙的行为由此而生。强者坐拥千亩良田，弱者常无立锥之地。此外，还出现了奴婢市场。人与牛马同栏，任由官民买卖，无法掌握自己的命运。奸诈残暴之徒以此牟利，甚至劫掠贩卖他人妻儿。这种行为忤逆天意，有悖人伦，违反'天地之性人为贵'之义理。书经（《尚书·夏书·甘誓》）有云：'予则奴戮女。'奴役是对不忠之人的惩罚。汉朝虽然减轻土地税赋，按收入的三十分之一征税，但是百姓仍需缴纳代役税，就连老病残疾之人也不能免除。恶霸欺压百姓，利用租佃关系剥削贫农。名义上的税率是三十分之一，实际上官署却按照收入的百分之五十征税。全家终年劳作，所得的收入却不足以维生。富人家即使用粮食喂养家畜也绰绰有余，于是因骄奢而作恶多端；穷人家即使吃粗劣食物都无法果腹，于是因贫困而作奸犯科。因此罪人增多，不得不频繁动用刑罚。我之前领录天子之事时（元始二年夏），下令按照人口将天下公田规划为井田，于是出现嘉禾祥瑞之兆。不过却因逆贼叛乱而中止。现将天下之田更名为'王田'，奴婢为'私属'，两者都不准买卖。家中男子不足八口、而田地却超过一井者，要把多余的田地分给亲族和乡邻。本无田地且应分田者，按照规定办理。如有胆敢非议井田圣制，目无法纪，妖言惑众者，效仿先祖舜帝的做法，处以流放之刑也。"[2]

王田制内容大致为以下几点：首先，天下土地称"王田"，奴婢称"私属"（私人所有），均禁止买卖；其次，王田制遵照井田制，一井（九百亩=九顷）之田分由八个成年男子耕作，剩下一百亩土地的收成用来纳税，即分别对八人征收百亩（即一顷，约为4.6公顷）土地收成的十分之一；最后，占有一井以上土地但成年男子不足八人的家庭，须把多余的土地分给田地不足的亲戚或乡邻，无土地者按照规定接受国家分配。

简言之，当时农民家庭一夫一妻可耕作的标准土地面积是一百亩，成年男子每人耕作一百亩土地，税收提高三倍，即由三十分之一改为十分之一。这一政策如果得以落实，那么当时全国各地役使奴隶进行耕作的大地主和为大地主服务的佃农将不复存在。这样一来，或许真的会实现王莽理想中的"国给民富"社会。

然而，管见所及，史料中并没有与这一土地政策的具体实施情况有关的记载。《汉书·食货志上》也仅仅提到当时制度不定、违反者众多。想必，王莽在落实想法的过程中造成了诸多混乱，《汉书·王莽传中》亦有记载：上至诸侯，下至庶民，因买卖田宅奴婢而获罪的人不计其数。

限田制与王田制

迄今为止，王田制受到众多学者的广泛关注。这是因为，王田制被认为是始于北魏的唐朝均田制的渊源之一，而均田制又对日本的班田收授法（译者注：待考，见注释处）产生深远影响。王莽颁布王田制的意图是恢复秦朝时被废除的井田制，关于井田制是否得以实施存在很多争议，在此不一一赘述。

井田制作为周朝的土地制度曾受到孟子的赞扬，并被视为儒家思想中理想的土地制度，因此对于一心建设儒家礼制国家的王莽来说，井田制是名副其实的"圣制"。王莽就国南阳时，曾亲眼看到大地主造成的社会苦难。因此对他来说土地问题是一个非常重要的课题。那么，王莽是如何构想出王田制的？

首先值得一提的是，王莽曾参与限田策的制定。根据《汉书·师丹传》、《食货志》中的记载，哀帝于绥和二年（前7年）六月颁布的"限田制"，其制定过程大致如下。

成帝朝太子太傅师丹在哀帝即位之后被任命为左将军，领尚书事。如第四章所述，这一时期师丹与时任大司马的王莽在尊号问题上为合作关系。根据《食货志上》的记载，师丹提出了限田制的议题。笔者认为，大司马王莽很有可能也参与其中。在师丹向哀帝提出议题后，哀帝命令各位公卿进行商议。彼时师丹建言："古之圣王莫不设井田，然后治乃可平。"显然师丹对井田制也很关注，因此在比较师丹的限田制与王莽的王田制时，应该意识到两者共通的儒家井田制理念。

地皇二年（21年），王莽在听说平原郡女子迟昭平聚众叛乱后，与群臣商议对策。应召参与商讨的公孙禄指名道姓地指责王莽的七名智囊，提议诛杀七人并向天下谢罪。他在建言中提到："明学男张邯、地理侯孙阳，造井

田，使民弃土业。"孙阳其人史料无载。至于张邯，其
《诗经》师承关系可见于《汉书·儒林传》。博士后苍
（东海人）精通《诗》、《礼》，授《诗经》与翼奉、萧
望之和匡衡（三人同为东海人），匡衡传与师丹、伏理
（二人为琅琊人）和满昌（颍川人），满昌又传与张邯
（九江人）和皮容（琅琊人）。

　　以上人物中与王莽有关，且史料有载的是师丹、满
昌、张邯三人。满昌曾于始建国三年出任讲诗祭酒，位居
上卿。如果公孙禄的上奏属实，那么很有可能张邯与师
叔师丹一样，抱持着推行井田制的理念。《诗经》中的
"普天之下，莫非王土；率土之滨，莫非王臣"（《小
雅·北山》）和"雨我公田，遂及我私"（《小雅·甫田
之什·大田》）等名句，均与王土思想、井田制有关。

　　笔者推测，王莽与张邯、孙阳等人的王田制构想概
由王莽、师丹二人的井田制理念发展而来，同时，王莽
与《诗经》传承者之间的交流亦是其王田制构想产生的
触媒。

　　哀帝曾向公卿下达诏令："制节谨度以防奢淫，为
政所先，百王不易之道也。诸侯王、列侯、公主、吏二千
石及豪富民多畜奴婢，田宅亡限，与民争利，百姓失职，
重困不足。其议限列（针对各等级的限制）。"针对该诏
令，丞相孔光以及大司空何武答曰："诸王、列侯得名田国
中，列侯在长安及公主名田县、道，关内侯、吏民名田，皆

无得过三十顷。诸侯王奴婢二百人，列侯、公主百人，关内侯、吏民三十人。年六十以上，十岁以下，不在数中。贾人皆不得名田、为吏，犯者以律论。诸名田、畜、奴婢过品，皆没入县官。"

堀敏一在《均田制研究》中，对限田制和王莽的王田制进行了详细论述。简言之，限田制的内容包括：①诸侯王、列侯可占二百顷"名田"（向官方申报的私有田地）、居住长安的列侯及公主可占一百顷（诏令原文中无二百顷和一百顷，应为脱漏）、关内侯、官员、平民可占三十顷；②作为劳动力的奴婢限额分别为二百人、一百人及三十人，相当于每顷土地由一名奴婢负责耕作（年龄超过六十岁、不满十岁的奴婢不占限额）；③商人不可占有土地、担任官职（武帝朝已有相关规定）；④如违反规定，国家将没收其土地与奴婢。

根据《食货志》记载，上述限田制有三年的缓冲期。在诏令发布之后，土地与奴婢的价格下跌，哀帝外戚丁氏和傅氏、宠臣董贤等人更对此极力反对。于是，三年缓冲期过后，该政策也未能施行，最终不了了之。虽然王莽于绥和二年（前7年）六月左右被解除了大司马职务，但他直到建平二年（前5年）四月就国之前一直留在长安，因此对这段时期限田制的动向应该非常熟悉。

另外值得一提的是，建平四年（前3年）三月，哀帝封董贤为列侯时，曾赏赐其两千多顷土地。王嘉因此进谏："均田之制，从此堕坏。"这应该是"均田"一词在中国史籍中的首次登场。当时恰好是限田制的缓冲期，因此王嘉所说的"均田之制"指的应该就是限田制。同时，哀帝对董贤的超额封赏也证明了限田制的形同虚设。

那么，王莽针对土地问题采取了哪些行动？前文曾经提到，元始二年（2年）夏，王莽在发生旱灾之时甘愿出钱百万，献田三十顷，交付大司农用于救济灾民。公卿吏民纷纷效仿，捐献田宅者多达二百三十人。中央政府按照灾民家庭人数将这些田宅进行分配。后来王莽在王田制诏令中称"予前在大麓，始令天下公田口井"云云，指的就是救灾之事。作为安汉公赈恤贫民政策的一环，王莽于同年将安定郡的呼池苑改为安民县，于县中设立政府机关、市场和住宅区，并为迁徙至此的贫民提供土地住宅、农具、耕牛、种子和粮食。这些政策似乎是王田制的前身。

不过，上述这些赈济政策其实是西汉频繁实施的"假民公田（出借或赋予公田）"政策的延续，而非王莽独创。由此可见，王田制中的土地政策部分，其实建立于哀帝朝限田制和西汉"假民公田"政策的基础之上。那么，王田制的另一个重要部分——奴婢政策的情况又如何？

在王莽蛰居新野时发生了次子杀奴事件，想必这件事促使王莽对奴婢问题进行了深入的思考。笔者认为，贯穿在王田制诏令之中的，正是"天地之性人为贵"这一儒家基本人类价值观。"私属"出自《春秋左氏传》，指家

奴、随从、佣人等。王莽认为，奴婢至少应该被当作人来
看待，因此，将人异化为物品、牲畜等的买卖对象的"奴
婢"这一名称本身也有废除的必要。不过，在王田制发布
之后的第二年，王莽重判私铸钱币者及五名连坐者为"官
奴婢"。这一做法虽然看起来与王田制矛盾，但王莽在王
田制诏令中曾经引用《尚书·夏书·甘誓》中的"予则奴
戮女"作为惩罚不忠之人的依据，因此对他来说两者在逻
辑上并不矛盾。

　　哀帝朝的限田制依照地位将可拥有的奴婢数量分为三
等。而王田制则没有对拥有奴婢数量进行明确规定，只禁
止了奴婢的买卖。当时王莽或许乐观地认为，只要禁止买
卖，奴婢数量自然会逐渐减少。而且王田制的理想状态是
成年男子均拥有百亩土地，耕作土地时不需要奴婢，那么
自然没有必要对奴婢数量进行限制。但当时应该还有一部
分负责打理家务的奴婢，另外随着身份地位发生变化，奴
婢数量也会不同，因此笔者猜想王莽的王田制中应该会有
奴婢人数限制的规定。

　　平帝元始三年（3年）夏，王莽曾就"车服制度、吏
民养生、送终、嫁娶、奴婢、田宅、器械之品"问题上奏
（译者注：见《汉书·平帝纪》）。笔者推测，王莽在王
田制诏令中称"如制度"云云，指的应该就是此处的"奴
婢"、"田宅"之品。但遗憾的是，这则上奏的具体内容
至今不明。

　　自哀帝推行限田制时开始，王莽的心中就有一个根本性的政治课题：应该如何解决大土地所有制问题并防止由此引发的小农的佃农化和奴婢化。而王田制正是王莽针对这一课题提出的解决方案之一。

六筦政策与货币制度

　　王莽出台的经济政策有六筦政策和币制变更。

　　六筦的"筦"，也写作"干"、"幹"或"管"，即管理钱财物品之意。根据《汉书·食货志下》记载，六筦分别为盐、酒、铁、名山大泽、五均赊贷和钱布铜冶六项。六筦政策规定盐、酒、铁、山泽物产、物价调整和金融、货币铸造和采铜由国家进行集中管理、征税。

　　《汉书·王莽传中》始建国二年有云："初设六管之令。"王田制实施于始建国元年，根据《汉书·食货志下》的记载，一年之后六筦政策的推进与国师刘歆和羲和（汉朝大司农）鲁匡的进谏有关："国师公刘歆言周有泉府之官，收不雠，与欲得（颜师古注：'雠读曰售。言卖不售者，官收取之；无而欲得者，官出与之'），即《易》所谓'理财正辞，禁民为非'者也。"虽然《食货志》正文未对此进行详细记载，但通过颜师古注推测，刘歆也就泉府的赊贷职能，即官府面向民众进行的货币或物资借贷进行了说明。王莽听取了刘歆的意见，随即下诏："夫《周礼》有赊贷，《乐语》有五均，传记各有斡焉。今开赊贷，张五均，设诸斡（译者注：各主管官员）者，所以齐众庶，抑并兼也。"可见这一举措的目的在于平均百姓的生活水平，抑止富人以兼并的形式侵犯穷人的利益。

"诸斡"中最初不含专管酒酤的官员。根据《食货志下》记载，鲁匡曾进言："唯酒酤独未斡。"其后设置，但时期不明。在《汉书·食货志下》中还可以看到王莽对实施酒专卖等制度的原因说明——"酒，百药之长"云云，以及加重刑罚的诏令。不过这些是为强化六筦政策而于天凤四年（17年）进行的补充，不是始建国二年初设六筦时颁布的内容。

另外，为了推行酒专卖制度，每郡设一名"酒士"，由羲和管辖，负责监督酒专卖制度的施行。"酒士"与同为负责监督六筦的"诸斡"之一——"命士"（羲和的属官，每郡数名）的关系不明。

"五均"一词原与调整五声音阶相关，后指物价调整。此政策的具体内容为：在长安及其他五大城市设置五均官；长安的东西市令、洛阳、邯郸、临淄、宛、成都各地的市（由国家管理的市场）的长官均改称为五均司市师；长安东市称为"京"，西市称为"畿"，洛阳的市称为"中"，其他四个城市的市场分别称以东南西北；五均司市师之下又各设五名交易丞和一名钱府丞。

五均赊贷与《周礼》税制密切相关：不勤于农耕者，按普通农民的十一税率的三倍，征收"三夫之税"（一夫即一家，拥有百亩耕地）；不在宅地内种植果木或菜蔬者，亦征收"三夫之布"；游手好闲者，征收"夫布一匹"；无法缴纳布匹者，须从事零散劳作，由政府提供衣食；另外，在山林水泽中以狩猎为生者，牧民、纺织女工、工匠，从事医巫、卜祝等方技者和商人须向所在地官府报备，其税额为收入的十分之一，也称"贡税"。

五均司市师会在每季仲月（译者注：每季度的第二个月）制定各市场商品的基准价格。当谷物、布匹、丝绵等生活必需品销路不畅时，五均官将在确认商品质量后按原价收购；当货物供不应求，物价上涨超过基准价格时，将按基准价格卖给百姓；当物价跌破基准价格时，开放市场任由官民购买，以防止囤积居奇。需举行祭祀或葬礼却无力负担费用者，可向官府借贷，以解燃眉之急。借贷资本来源于钱府丞收取的贡税。另外，欲经商、创业而无本金者，也可申请贷款，利率不超过年收入的一成（《王莽传》记载为每月百分之三）。

六筦政策虽然大部分内容沿用武帝朝以来的盐铁专卖制和均输、平均法等经济政策，但赊贷这一社会政策为王莽首创，值得关注。

接着是内容复杂多变的币制改革。武帝朝的五铢钱（铜钱）在问世后一直扮演稳定通货的角色，但王莽在掌权后，或许出于逐渐切断汉朝传统的目的，着手废除五铢钱，发行新币。

　　居摄二年（7年）五月，王莽发行大钱（大泉）、契刀、错刀三种货币，与五铢钱并行。大钱铸有"大泉五十"字样，重十二铢（7.8g）。其面值虽然相当于五十枚五铢钱，但实际重量比却是12∶250。契刀由环（大钱）和刀组成，铸有"契刀五百"字样，面值相当于五百枚五铢钱。错刀铸有"一刀平五千"字样，相当于五千枚五铢钱。王莽发行大钱实际上是为了效仿周朝，即记载于《国语·周语下》的周景王铸钱利民的事迹。《汉书·食货

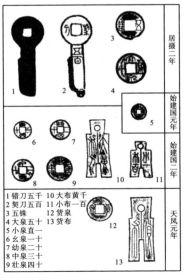

新莽货币

志下》也提到，王莽发行大钱参考的是周朝的"子母相权"——大、小钱同时流通的制度。

始建国元年（9年），王莽在即位之后，以汉朝刘氏的"劉"字中有"金"和"刀"为由，废除错刀、契刀和五铢钱（铢字为金字旁），发行重一铢、铸有"小泉直一"字样的小钱（小泉），与大钱同时流通。始建国二年，王莽发行以金、银、铜、龟、贝等为原料的宝货，共六名、二十八品（泉货六品、黄金一品、银货二品、龟宝四品、贝货五品、布货十品）。其中，泉货六品除大钱（五十）和小钱（一）以外，还有重三铢的"幺泉一十"、重五铢的"幼泉二十"、重七铢的"中泉三十"和重九铢的"壮泉四十"。不过根据《食货志下》的记载，只有大钱和小钱在民间流通较广。

始建国元年"小泉直一"的发行确立了一铢一钱制。导致"大泉五十"贬值，其面值从五十枚五铢钱降至五十枚一铢钱，重量比从之前的二十倍左右（12铢：250铢）跌至四倍左右（12铢：50铢）。不过，一铢一钱制使铜钱整体面值上升五倍有余，建立了一个以铜钱为基础的完整货币体系。

到了地皇元年（20年）〔《食货志下》记载为天凤元年（14年）〕，大钱和小钱被废除，取而代之的是货布与货泉两种货币。货布铸有"货布"字样，重二十五铢，价值相当于二十五枚货泉。货泉铸有"货泉"字样，重五

铢，价值一钱，乃当时的基准通货。这意味着西汉以一枚
五铢钱为一钱的传统币制的回归。不过，大钱"货布"与
小钱"货泉"同时流通，"子母相权"制得以保留，可见
王莽对周朝心向往之。

　　王莽的货币政策采用大钱和小钱——后来改为货布
（大钱）和货泉（小钱）并行的基础框架，通过暂行一铢
一钱制提高铜钱面值，因此可以说是一种通货膨胀政策。
该政策和黄金国有化政策相辅相成，目的在于提高国库的
货币性收入。

　　关于中国古代货币制度史，可参考山田胜芳的《货币
的中国古代史》，其中也有关于王莽币制改革的内容，笔
者在撰写本节时得益良多。

译者注：

[1]《汉语大词典》释义为："博士：古代学官名。六国时有博士，秦因之，诸子、诗赋、术数、方伎皆立博士。汉文帝置一经博士，武帝时置'五经'博士，职责是教授、课试，或奉使、议政。晋置国子博士。唐有太学博士、太常博士、太医博士、律学博士、书学博士、算学博士等，皆教授官。明清仍之，稍有不同。"

[2]《汉书·王莽传中》："古者，设庐井八家，一夫一妇田百亩，什一而税，则国给民富而颂声作。此唐、虞之道，三代所遵行也。秦为无道，厚赋税以自供奉，罢民力以极欲，坏圣制，废井田，是以兼并起，贪鄙生，强者规田以千数，弱者曾无立锥之居。又置奴婢之市，与牛马同兰，制于民臣，颛断其命。奸虐之人因缘为利，至略卖人妻子，逆天心，悖人伦，缪于'天地之性人为贵'之义。《书》曰：'予则奴戮女'，唯不用命者，然后被此辜矣。汉氏减轻田租，三十而税一，常有更赋，罢癃咸出，而豪民侵陵，分田劫假。厥名三十税一，实什税五也。父子夫妇终年耕芸，所得不足以自存。故富者犬马余菽粟，骄而为邪；贫者不厌糟糠，穷而为奸。俱陷于辜，刑用不错。予前在大麓，始令天下公田口井，时则有嘉禾之祥，遭以虏逆贼且止。今更名天下田曰'王田'，奴婢曰'私属'，皆不得卖买。其男口不盈八，而田过一井者，分余田予九族邻里乡党。故无田，今当受田者，如制度。敢有非井田圣制，无法惑众者，投诸四裔，以御魑魅，如皇始祖考虞帝故事。"

第十二章

单于之怒

汉匈关系

《汉书·匈奴传》分为上下两部，非常详细地对匈奴进行了记载。以下根据《匈奴传》就汉朝匈奴关系史进行简要叙述。

匈奴指公元前三世纪末至公元五世纪，活跃于中国北方蒙古高原的马上游牧民族。战国时期，匈奴以河西（鄂尔多斯）为据点，侵略燕国、赵国和秦国的边境。战国时期的中国军队在春秋时期以来马车战的基础上加入步兵，进行集团作战，其后步兵成为主流。匈奴则擅长骑兵作战。不过随着赵武灵王推行胡服骑射，中国军队也开始使用骑兵作战。

到了秦朝，匈奴在秦将蒙恬的进攻之下撤回北方地区，势力一度不振。但后来又趁秦末天下大乱，再次占据河西地区。这段时期统率匈奴的是冒顿单于。冒顿先后攻打月氏、东胡等部族，最后征服整个蒙古高原。

公元前200年，冒顿在山西省大同北部组建政权，侵犯汉朝北境。汉高祖亲率大军讨伐，却因冒顿之计被三十二万匈奴骑兵围困大同白登山长达七天，借助单于阏氏（译者注：汉代匈奴单于、诸王妻的统称）之力才得以解围。后来，高祖派遣使者向匈奴请和，提出将翁主（刘氏诸侯王的女儿）嫁与单于，每年赠送大量丝绸、酒、米等物品，缔结兄弟之约。

在高祖死后，冒顿向吕后修书一封进行侮辱和挑衅。吕后听从季布（译者注：原文似误作"樊哙"）的建议，放弃发兵征讨的打算，并郑重其事地以书信回复。于是冒顿也打消了侵略的念头，匈汉正式和亲。

文景时期，从两国君主往来文书可以看出汉朝与匈奴维持着对等的兄弟国关系。但在实力方面，匈奴更加强大。文帝六年（前174年），冒顿去世，单于之位先后由老上单于、君臣单于继承。这三位单于统治的时代被认为是匈奴史上的鼎盛时期。

此后，尽管汉朝遵守和约，岁奉也不曾怠慢，并施行通关市等优待政策，可匈奴仍屡次南犯。汉武帝在即位之后，于元光六年（前129年）展开反击。卫青、霍去病等将军指挥远征军征讨匈奴，战果累累，实现了武帝掌握西域道路的心愿。但同时庞大的战争开支也导致财政出现危机，不得不施行前章提到的专卖制等经济政策。后文还将提及《匈奴传》中有关武帝朝的记载，此处暂时省略。

宣帝神爵二年（前60年）左右，匈奴因单于继承问题发生内讧，出现五单于并立的局面。其中郅支与呼韩邪二单于相互对立，呼韩邪于甘露元年（前53年）归顺汉朝寻求保护。郅支无力抵抗，逃至西域康居国，最终为西域都护甘延寿所杀。在元帝朝初期，呼韩邪统一匈奴。汉朝与匈奴之间重新建立亲密关系。竟宁元年（前33年），呼韩邪来朝，主动请求和亲，于是元帝从后宫选出王嫱（字昭君）赐婚呼韩邪。

建始二年（前31年），呼韩邪去世。其与王昭君育有一子，而呼韩邪妻妾成群，有十几个儿子。其中，呼衍王的两个女儿皆为单于阏氏，姐姐颛渠阏氏育有二子，莫车和囊知牙斯；妹妹大阏氏生下四子，长子雕陶莫皋，次子且麋胥，均年长于且莫车。呼韩邪在临死之前原打算立且莫车为继承人，但在其母颛渠阏氏的要求下，改立雕陶莫皋，条件是日后传国与弟弟且莫车。雕陶莫皋即位，是为复株累若鞮单于。

"若鞮"，匈奴语意为"孝"。呼韩邪在归顺汉朝后，见孝武帝、孝宣帝等皇帝都以"孝"字为谥，心向往之，便把"若鞮"冠于单于之前。

匈奴的政府机构为：单于之下置左右贤王、左右谷蠡王、左右大将、左右大都尉、左右大当户、左右骨都侯等官职；王、将由单于氏族，即挛鞮氏担任；呼衍、兰、须卜、丘林四大异姓贵族为单于氏族姻亲，各族族长担任左右骨都侯参与国政。

在呼韩邪死后，复株累单于迎娶父妻王昭君，育有二女。长女须卜居次云，次女当于居次。[1]鸿嘉元年（前20年），复株累单于去世，其弟且麋胥即位。元延元年（前12年），且麋胥离世。遵照呼韩邪的遗言，且莫车继任单于之位。成帝绥和元年（前8年），且莫车离世，囊知牙斯即位，是为乌珠留若鞮单于。从哀帝朝至新莽，匈奴都在乌珠留单于的统治之下。

哀帝建平四年（前3年），囊知牙斯遣使者上书，称愿于建平五年元旦朝贺，请求哀帝准许。但不巧的是，当时哀帝卧病在床。由于以往匈奴来朝之年均有皇帝离世，哀帝心中有所顾忌，朝中群臣也认为单于来朝会产生较大的财政支出，因此暂时不应批准。这时，黄门郎扬雄上书劝谏，称从汉朝与匈奴的外交史来看，两国如果进入敌对状态，将产生更巨大的军费支出，考虑到至今对匈奴一直采取安抚手段，所以这次应该准其朝贺。哀帝听从扬雄的建议，准单于来朝。不过朝贺没有如期在建平五年（前2年）进行。两年后，即元寿二年（前1年），囊知牙斯才得以成行，而汉朝也以厚礼相待。王莽于建平二年四月就国新野，于元寿元年返回长安，因此没有直接参与单于入朝之事。

在平帝即位、王莽掌权之后，汉朝对匈奴政策发生变化。平帝元始年间，西域车师后王姑句因与戊己校尉徐普发生纠纷逃至匈奴。同时，去胡来王唐兜受到赤水羌侵略，向西域都护但钦求援无果。唐兜无计可施，率妻儿、百姓逃亡投降匈奴，匈奴在接收上述逃亡者之后，派使者向汉室王朝进行报告。

王莽通过使者命令囊知牙斯："西域为大汉属国，因此匈奴不应接收西域来降之人（颜师古注：'既属汉家，不得复臣匈奴'），应立即将其遣返。"囊知牙斯反驳道："孝宣皇帝、孝元皇帝与匈奴有约，长城以南为天子所有，长城以北为单于所有；如有来犯者，要进行通报；有来降者，不得接收。父亲呼韩邪单于曾留下遗言，嘱咐如有中原来降之人，要将其送回边塞，以报答汉朝天子厚恩。但西域地处中原之外，因此匈奴可以接收西域来降之人。"[2]汉朝使者的回答盛气凌人："当初匈奴国内骨肉相争，内乱四起，几乎灭亡。承蒙汉室大恩，使危险局势得以扭转，妻儿得以平安、单于之位得以世代相传，理应有所报答。"[3]囊知牙斯只得同意遣返两名西域王。由中郎将王萌在西域恶都奴山谷进行交接。尽管囊知牙斯为二人求情，但王莽驳回其请求并召集西域各国国王，将二人斩首示众。

接着王莽新增四条规约："中国人亡入匈奴者，乌孙亡降匈奴者，西域诸国佩中国印绶降匈奴者，乌桓降匈奴者，皆不得受。"并遣使者将四规交付囊知牙斯，命其执行，同时还收回了宣帝与匈奴之间签订的协议文书。

　　当时王莽还上奏，主张在中国不应该使用两个字的名字，并派遣使者讽囊知牙斯，劝其改名。于是囊知牙斯上书，称愿意将"囊知牙斯"改为单名"知"。王莽的做法不仅是对匈奴的文化干涉，还破坏了匈奴与汉朝的对等关系。不过，这时囊知牙斯仍遵从着王莽的命令。但当王莽威胁到其单于地位时，愤怒的囊知牙斯终于爆发了。

单于印玺

　　始建国元年（9年）秋，王莽派遣五威将王奇等十二人向全国颁布四十二篇符命（五篇德祥、二十五篇符命、十二篇福应），宣称王莽取代汉室，君临天下。五威将奉符命，携印绶，分别前往国内外各地，收回王侯以下官员、匈奴、西域、蛮夷手中的汉朝旧印，授予新朝印绶。

　　五威将每将设前、后、左、右、中五帅（《匈奴传》记载为"率"），乘坐雕刻日月之纹的马车，衣冠、车服、马匹的颜色和数目分别与其方位对应（比如东方为青色，南方为红色，五行中的木对应三，火对应二）。五威将持节，称太一之使；五帅持幢，称五帝之使。

　　王莽策命曰："普天之下，迄于四表，靡所不至。"前往东方者至玄菟、乐浪、高句丽、夫余；前往南方者，越国境、经益州，贬句町王为侯；前往西方者至西域，将诸王贬为侯；前往北方者至匈奴王廷，授予单于新印。汉朝旧印印文中的"玺"字被改为"章"字。

这一举措激怒了句町王和西域诸王，使其反叛。东北地区的貉人也发动叛乱，尽管严尤主张对其采取安抚手段，但王莽仍发兵进攻，不仅斩杀高句丽侯驺，还改"高句丽"为"下句丽"。其两项决策导致东北地区和西南地区全面进入叛乱状态。（译者注：参见《汉书·王莽传中》）

回到匈奴的部分。根据《汉书·匈奴传下》记载，王莽派出五威将王骏、五威帅甄阜等六名使者，满载金银绢帛赠囊知牙斯，晓谕王莽受天命代汉之事，更换汉朝旧印。旧印印文为"匈奴单于玺"，但被王莽改为"新匈奴单于章"。这一变更依据的是王莽于始建国元年即位时颁布的有关诸侯王、蛮夷君王称号的诏令："天无二日，土无二王（出自《礼记·曾子问》），百王不易之道也。汉氏诸侯或称王，至于四夷亦如之，违于古典，缪于一统。其定诸侯王之号皆称公，及四夷僭号称王者皆更为侯。"五威将于始建国元年秋前往各地的目的之一正是落实这则诏令。

王骏等人来到囊知牙斯面前，在传达诏令后，准备收回旧印。这时，左姑夕侯苏从旁提醒："未见新印印文，不宜先交旧印。"于是囊知牙斯收回旧印，把使者请入毡帐落座。这时五威将催促道："请尽快交出旧印。"囊知牙斯应声："诺。"再次准备把旧印交给翻译官。这时苏侯又提醒道："没有看到印文之前不可交还。"单于反问道："印文还会变吗？"说着解下印绶交于使者，并接过新印系于身上，始终没有查看印文。[4]

入夜，酒宴结束，五威帅陈饶提醒其他将帅："刚才左姑夕侯苏一直怀疑印文，险些没能收回旧印。单于发现印文有变，一定会要求返还旧印，这不是靠三寸不烂之舌就能拒绝的。如果旧印得而复失，实在有辱使命。不如干脆毁掉，避免节外生枝。"众人犹豫不决，无人做主。陈饶乃燕士，性格果敢，不等众人回答便用斧头砸碎了旧印。[5]

第二天，囊知牙斯果然派右骨都侯当前来索要旧印："汉朝赐予单于的印文用'玺'而不用'章'字，另外也没有'汉'字。'汉'和'章'字只用于诸侯王以下身份。新印改'玺'为'章'，还加上'新'字，是把匈奴当作新朝的臣子对待。请交还旧印。"诸将帅一边拿出被毁的旧印一边说："新印乃新朝顺应天命而作。旧印已毁。单于应该顺应天命，遵守新朝的制度。"右骨都侯当即回报。[6]

囊知牙斯知道已经无可奈何，而且已经接受了新朝的大量赏赐，于是就派自己的弟弟右贤王奢鞮舆带着牛、马随将帅入朝谢恩，并打算到时上书请求恢复旧印。根据《汉书·王莽传中》始建国二年（10年）十一月前有云："匈奴单于求故玺，莽不与，遂寇边郡，杀略吏民。"

在汉代，无论是诸侯王、百官，还是异族首领，都会被授予官印，汉朝皇帝也持有六玺。这些印的顶部都有穿孔印钮，用带子穿过印钮，便可以将印挂在身上，带子也被称为"绶"。官爵地位不同，"绶"的颜色也不同。印章和绶带合称为"印绶"，"拜印绶"指上任，"解印绶"指辞官，"夺印绶"则指罢免。那么，为何要授予官员和王爵印绶？

为了回答这个问题，首先需要说明的是，长宽2.3厘米（相当于汉代的一寸）的正方形官方印玺均为阴刻白文[7]的理由。在纸还没有被发明时，官员或王爵（内臣）在发布公文时只能使用竹片或木片（简牍）。在密封公文时，需用黏土状的封泥将捆绑简牍的绳结处密封，再加盖阴刻印章，使粘土浮现印文。至于授予外族首领的官印，主要用于国书（外交文书）往来。

印绶最重要的部分是印文。国内的各诸侯王为皇子，其官印印文为"某王之玺"。1981年2月，江苏省邗江县甘泉二号汉墓出土一枚光武帝之子广陵王刘荆的纯金玺印。该玺印的形状和结构与光武帝赐予倭奴国[8]使者的"汉委奴国王"金印一模一样。两枚金印的年代也非常接近。根据史料可知，光武帝授予倭奴国印玺发生于公元57年。一年后，广陵王也获赐一枚金印。由此基本可以确定日本出土的倭奴国金印是真品。广陵王玺印的印文为"广陵王玺"。

　　"玺"字也被用于皇帝的六玺印文中，普通臣子禁止使用，即使是臣子中地位最高的列侯，也只可以使用"印"字，即"某侯之印"。"章"字处于"玺"和"印"之间，用于归顺汉朝的周边异族首领（外臣）的官印中。同时，为表明汉朝外臣的身份，原则上还要在印文前冠以"汉"字，即"汉某王章"。

　　匈奴旧印印文是"匈奴单于玺"，这不仅意味着匈奴享有诸侯王待遇，而且也没有冠以象征汉朝外臣身份的"汉"字。也就是说，旧印印文象征匈奴与汉朝的对等关系。然而王莽却将其改为"新匈奴单于章"，相当于把匈奴视为新莽外臣，囊知牙斯对此当然无法容忍。

广陵王玺及其印影

匈奴西域反叛

单于印玺风波后的第二年，即始建国二年（10年），西域车师后王须置离图谋归顺匈奴，被都护但钦斩杀。须置离的哥哥狐兰支率领两千多人流亡匈奴，囊知牙斯将其悉数接收，违反了王莽的四条规约。其后，狐兰支与匈奴联手，进攻车师，诛杀西域小国后成国首领，伤西域都护司马，接着又撤回匈奴领地。同年九月，戊己校尉的部下陈良、终带等人见西域局势动荡，听闻匈奴将发起大规模进攻，便杀害戊己校尉刁护[9]，胁迫官兵百姓、男女老少共计两千多人流亡匈奴。囊知牙斯对陈良、终带非常优待，不仅封二人为乌桓都将军，还经常设宴款待。

始建国三年（11年），西域都护但钦上书，称匈奴南将军右伊秩訾正在进攻西域各国。王莽将匈奴的国土人民分为十五区由十五单于管理，派遣中郎将蔺苞和副校尉戴级率领一万骑兵，携带财宝，前往云中郡边塞，招引呼韩邪单于诸子，欲将其皆立为单于。同时派遣翻译官出塞，招诱右犁汗王咸及其二子登和助。咸被封为孝单于。助被封为顺单于，与兄弟登一同被带往长安。囊知牙斯听闻此事大怒，说道："先单于蒙宣帝恩惠，不可有负。今天子非宣帝后人，有何资格称帝？"[10]遣左骨都侯、右伊秩訾王呼卢訾及左贤王乐领兵攻打云中郡益寿塞，大肆屠杀。自此以后，匈奴的侵略愈发猛烈。在囊知牙斯的命令下，左右部都尉、诸边王入塞进行侵扰劫掠，杀害雁门、朔方两地郡太守和都尉，劫掠官民、牲畜不计其数。

此时王莽又采取了何种对策？另外，在事态发展之前，他为何要背弃汉朝与匈奴的和平协定，破坏两国的对等关系？这或许与其儒家华夷观念有关。

华夷观念

王莽以匈奴单于等"四夷"首领称王有违古训为由，下诏贬诸王为侯。诏书引用《礼记·曾子问》中"天无二日，土无二王"一句。《孟子·万章》亦引用孔子之言："天无二日，民无二王。"对于王莽来说，诸王林立这一现状违背孔子之言和儒家世界观。那么，当时儒家如何看待周边少数民族？

中国自古以来就有华夷之分，甚至连吴楚之地也曾被当作夷狄。随着时代的推移，到了春秋战国时期，中华的领域范围逐渐形成，相对于周边少数民族的他者意识也随之产生。特别是在秦汉帝国建立之后，中华的领域范围得以确立，范围之"外"的异族皆被视为"夷狄"，华夷分界线变得更加清晰，用于区别中华（中夏）与夷狄的观念称之为华夷观念。

在探究汉朝儒家夷狄观时，以代表西汉国家统治意识形态的春秋公羊学为突破口，是一个有效的方法。根据日原利国《〈春秋公羊传〉研究》的观点，《公羊传》华夷观念的特征如下：首先，华、夷可以发生互换。也就是说，如果没有"德"与"礼"，中华就会变成夷狄，反之，夷狄也会成为中华。判断标准在于文化的优劣。自古以来，中国就有很强的文化自信。这种自信的观念被称为中华思想。而区分华、夷的根据，就是优秀文化的有无。与希腊等其他地区的民族中心主义思想不同，中华思想有一个特质，即德治主义。人们认为在仁德君王的善政感化之下，四方诸国会自然而然地马首是瞻，前来朝贡。这种观念被称为王化思想。另外，《公羊传》还主张消除华夷界线，实现天下大同、构建太平盛世，提出"大一统"和"王者欲一乎天下"，认为如果夷狄承认华夏文化的优越性，仰慕德政并前来朝拜的话，就应该欣然接受。

但另一方面，《公羊传》对夷狄的抵触也很强烈。这样一来，难免会与"大一统"理念和承认华夷互换的观念相矛盾。这时起到消除矛盾作用的是儒家的基本理念之一——渐进主义思想，即主张实现治世是一个由近及远的过程。《公羊传·成公十五年》有载："《春秋》内其国而外诸夏，内诸夏而外夷狄。王者欲一乎天下，曷为以外内之辞言之？言自近者始也。"最初阶段：本国之外皆为外，诸夏亦不例外；第二阶段：夷狄为外，本国及诸夏为内；最终阶段：如东汉末何休注释所言"夷狄进至于爵"，即华夏与夷狄之间的区别小时，于是天下大同。上述发展史观建立在何休的"三科九旨说"（将上述三阶段分别与衰乱世、升平世、太平世对应）之上。

但《公羊传》在以渐进思想为原则的同时，却以夷狄的"进化"——尤其是在确立道义、完善礼制方面——无法一蹴而就为理由，始终不向夷狄敞开华夏社会的大门。不仅如此，一旦夷狄侵犯华夏社会，就高举攘夷大旗进行反击。公羊学派对战争持怀疑、批判态度，认为战争劳民伤财。但同时也视复仇战争和对夷战争为必要之举，特别在面对夷狄时，不惜发动战争，先发制人。华夏武力在夷狄之下，但这种劣势反而使人们树立文化自信，产生反夷情绪，最终往往引发过激的攘夷战争。公羊学派通过树立"夷狄"这一假想敌，加大华夏社会对异族侵略的恐惧，从而达到强化社会秩序、维持社会稳定的目的。

那么，以上日原利国的观点为解读王莽思想提供了哪些线索？《礼记》中的"士无二王"理念，即儒家的"大一统"思想，与拒绝接纳夷狄融入中华世界的公羊学派夷狄观之间，是一种相互融合且相互对立的关系。

笔者认为，王莽作出的主观判断应该是：尽管自己推行"制礼作乐"，践行德治，可是匈奴仍态度骄横，频繁入侵华夏，这是匈奴即夷狄的明证，因此可以对其进行讨伐。王莽的判断非常具有公羊学派特色。当然，上述结论中存在一个疑点：王莽曾经利用《周礼》等古文经学文献，那么其观念是否会与今文经学文献《公羊传》中的夷狄观不同？不过，已有学者指出，王莽在翟义叛乱时撰写的《大诰》以今文经学为依据。因此结合《公羊传》对王莽的华夷观念进行推测，虽不中，亦不远矣。

备战匈奴

面对匈奴的反叛，王莽采取了怎样的对策？当时王莽刚刚即位，打算以财富彰显新朝的威信。他任命十二部将帅，征召各郡国勇士，发放长安城武器库中的精良兵器，派人驻守各地，并把粮草等物资运往边境。他为三十万大军提供三百天的粮食，分兵十路，把匈奴驱逐至丁令（今俄罗斯境内伊尔库茨克地区）。接着分割匈奴领地，立呼韩邪单于诸子为十五单于。

始建国二年十二月，王莽改匈奴单于称号为"降奴伏于"。这种拘泥于"名"的做法再次体现了王莽的行事风格，除此之外，他还下达了以下命令：

降奴伏于知（即囊知牙斯）"咸侮五行"（出自《尚书·夏书·甘誓》。五行即仁义礼智信五常），背弃四约，侵犯西域和我国边境，危害百姓，其罪当诛。现命立国将军孙建等十二将领，分兵十路，恭行皇天之威，严惩囊知牙斯。念及知先祖、已故呼韩邪单于累世忠孝，保卫边境，不忍因知一人罪行而灭其九族。现将匈奴国土和人民分为十五区，立呼韩邪单于子孙十五人为单于。遣中郎将蔺苞、戴级前往边塞，召集相关人等进行单于的册封。所有因虏寇知连坐之匈奴人，均予以赦免。[11]

在王莽的命令之下，诸将各自领兵出征五原、云中、代、西河、渔阳、张掖等边境各郡。朝廷从全国募集囚犯、壮丁、士兵共三十万人，将各郡运往长安的衣服、兵器、粮草等物资转运至边境，并派遣使者辗转各个驿站进行监督，依军兴法（战时法令制度）行事，是时举国骚动。率先到达边境的军队安营待命，等待兵力物资集结完毕后发起进攻。

当时，讨秽将军严尤认为王莽的战略方针不可行，便进言劝谏，其大意如下：

讨伐匈奴计划有五大难点：近年频发饥荒，西北边境尤其严重。那么为了给三十万军队提供三百天的粮草，就需要借助东部沿海和南部江淮地区的力量。然而路途遥远，花费一年时间也无法集结完毕。率先到达的部队长期露宿营地，会导致兵士疲累，武器磨损，士气低迷，难以为战，此一难也；北方边境仓廪空虚，军粮无法自足，必须征用各郡粮草，非长久之计，此二难也；一人三百天的粮食约为十八斛，只能借助牛车等运载工具，那么就额外需要二十斛饲料，导致负担过重。且胡地沙多碱重，缺乏水源植被。以往军队出征未到百日，存活的牛就所剩无几，而余粮还有很多，人力无法运输，此三难也；胡地秋冬非常寒冷，春夏多风，炊具和柴火又无法携带太多。如果士兵整年食干粮，饮生水，恐有疾疫之扰，因此以往讨伐胡地从未超过百日。不是因为不想打持久战，而是不能。此四难也；如果派辎重队随行，那么轻锐部队就会减少，无法快速行军。即使敌方撤退速度缓慢，军队也无法追击。侥幸遇敌，辎重队也会变成累赘。如果遇到险要地形，马匹纵列徐进时，敌人必然前后夹击，后果不堪设想。此五难也；劳民伤财，又无胜算，臣十分担忧。既然现在已经下令出动军队，就应该让率先抵达的部队自由活动。接着由臣等深入敌后，速战速决，重创匈奴。

　　严尤的谏言非常合理，但王莽并未采纳，继续转运兵器粮草，因此才会出现举国骚动的情况。

　　《汉书·王莽传中》始建国三年（11年）有云："诸将成边待命，等待全军集结，于时官兵放纵，且国内各郡愁于征调，民众纷纷逃出城外，或沦为难民，或成为盗贼。其中并、平二州尤甚。于是王莽令七公六卿兼将军号，派遣著武将军逯并等镇守主要城市，中郎将（负责宿卫的郎官）、绣衣执法（着绣衣前往地方执法的朝廷特派官员）各五十五人，前往边境大郡维持秩序，对奸猾之辈和擅用武器者等进行取缔。然而这些特使为奸于外，以受贿为生意，鱼肉百姓。于是王莽下诏：'称虏寇知（囊知牙斯）罪当灭族，为将其一举消灭，朝廷派遣猛将，分兵十二路同时出击。军中置司命、军正，外设军监十二人，用以监察违抗军令者，使全军纪律井然有序，但现实却事与愿违，负责监察之人反而仗势欺人，以良民为奴，勒索赎金。如同毒虫四起，以致农民流离失所。难道这就是称职的监察吗？从今以后，敢犯此罪者，当立即逮捕拘系，并将其名上报。'然而这则诏令毫无效果，官兵放纵如旧。"[12]

战后汉匈关系

在王莽的号令之下，讨伐匈奴的大军陆续在北部边境集结。

这时被封为孝单于的咸逃回匈奴，向乌珠留若鞮单于囊知牙斯报告，称自己被封为孝单于是受到王莽胁迫，囊知牙斯将其封为于粟置支侯。被扣留在长安的咸之子助病逝，咸之子登继承顺单于之位。其后，在厌难将军陈钦和震狄将军王巡屯兵云中郡葛邪塞时，匈奴屡屡进犯，将帅官员战死、人民和牲畜被劫走等事频繁发生。

陈钦从匈奴俘虏的口中得知，这些都与孝单于之子咸鞮角有关，便向王莽报告。王莽为惩一儆百，便于始建国四年（12年）召集诸蛮夷，在长安闹市将奕鞮登斩首。尽管发生了这样的事态，王莽派出的十二支军队仍然没有发起进攻，士兵们的疲乏日益显露。

始建国五年（13年），乌珠留若鞮单于囊知牙斯去世。王昭君的女儿须卜居次云常欲与中国亲善，而奕鞮咸刚好曾被王莽封为孝单于，于是须卜居次云的丈夫、当时匈奴的掌权者须卜当便立咸为乌累若鞮单于，须卜居次云和须卜当劝说奕鞮咸与中国修复关系。天凤元年（14年），须卜居次云和须卜当派人前往西河郡制房塞，要求与和亲侯会面。和亲侯王歙是王昭君哥哥的儿子，他与其弟展德侯王飒奉王莽之命前往匈奴，以黄金和丝绸祝贺奕鞮咸即位，并谎称其子奕鞮登仍然健在，要求引渡从西域逃往匈奴的陈良、终带等人。奕鞮咸应允，将二十七命流亡者交给使者。王莽效仿《易经》作焚如之刑，烧死陈良等人。

其后，谏大夫如普视察边境，回朝后向王莽进言，称既已修复关系，就该趁此机会撤军。于是王莽于天凤元年（14年）令诸将帅率领十二路人马从边境撤离，只留下小股部队，由游击都尉带领。然而，奕鞮咸从返回匈奴的使者口中得知儿子奕鞮登已被处死，心生怨恨，便继续侵犯边境，迫使王莽不得不再次派出军队。边境百姓流亡内地各郡，为谋生沦为奴婢。当时王莽下令，禁止官民以流亡百姓为奴，违者处以弃市之刑（在闹市执行死刑，弃尸街头示众）。

此后，局势暂时平稳，天凤五年（18年），单于栾鞮咸去世，其弟左贤王栾鞮舆继任。栾鞮舆贪图赏赐，派遣大且渠须卜奢（须卜当之子）等人前往长安进贡。王莽派王歙与须卜奢同行至制虏塞，会见须卜居次云与须卜当。接着强行把二人带回长安，封须卜当为须卜单于，并打算出兵将其拥立为首领。匈奴一方大怒，大举入侵北方边境。王莽军队应对不及，北境沦陷。（译者注：参见《汉书·匈奴传下》）于是，王莽从全国征召壮丁、死刑犯、和奴隶，名曰"猪突豨勇"，以之为精锐士卒。并以缣帛的形式，向全国官民征收三十分之一的资产税。征收的缣帛全部被运往长安。另外，王莽还下令，要求公卿以下至郡县黄绶官员精心饲养军马，按照官秩等级进行指派军马数量。但实际上饲养军马的义务都被转嫁到了平民身上。（译者注：参见《汉书·食货志下》、《王莽传下》）

被立为单于的须卜当突然病死后，王莽将自己出生于新野的女儿王捷赐后安侯须卜奢为妻，并打算派兵拥立其为单于。但就在此时，汉军攻入长安，王莽被诛，须卜居次云与须卜奢也死于非命。也就是说，王莽到死前都没有放下征服匈奴、将其纳入新莽版图的执念。

以上，笔者围绕王莽对匈政策以及汉匈外交关系进行了叙述。之所以为此大费笔墨，是因为新莽成立初期，讨伐匈奴是王莽诸多政策中的一大败笔，也是其政权灭亡的根本原因。如果北方边境在和亲政策下保持安定的话，就不会成为王莽政权的绊脚石。那么即使建设礼制国家的政策没能发挥理想效果，至少新莽政权的寿命不会如此短暂，甚至有可能在王莽死后也不会灭亡。然而实际的历史走向却背道而驰，于天凤元年一度被修复的友好关系，因王莽对形式、权力和威严的执着再次破裂，导致匈奴再度入侵北方边境。北方边境民众为生活所迫，不得不流亡内郡，导致华北地区出现混乱。

在这种局势下，反对新莽、重建汉朝的形势高涨，最终，民众揭竿而起。

译者注：

[1] 匈奴习俗，《史记·匈奴传》有载："父死，妻其后母。兄弟死，皆取其妻妻之。"

[2]《汉书·匈奴传》："孝宣、孝元皇帝哀怜，为作约束，自长城以南天子有之，长城以北单于有之。有犯塞，辄以状闻；有降者，不得受。臣知父呼韩邪单于蒙无量之恩，死遗言曰：'有从中国来降者，勿受，辄送至塞，以报天子厚恩。'此外国也，得受之。"

[3]《汉书·匈奴传下》"匈奴骨肉相攻，国几绝，蒙中国大恩，危亡复续，妻子完安，累世相继，宜有以报厚恩。"

[4]《汉书·匈奴传下》："左姑夕侯苏从旁谓单于曰：'未见新印文，宜且勿与。'单于止，不肯与。请使者坐穹庐，单于欲前为寿。五威将曰：'故印绶当以时上。'单于曰：'诺。'复举掖授译。苏复曰：'未见印文，且勿与。'单于曰：'印文何由变更！'遂解故印绶奉上，将率受。着新绶，不解视印。"

[5]《汉书·匈奴传下》："饮食至夜乃罢。右率陈饶谓诸将率曰：'乡者姑夕侯疑印文，几令单于不与人。如令视印，见其变改，必求故印，此非辞说所能距也。既得而复失之，辱命莫大焉。不如椎破故印，以绝祸根。'将率犹与，莫有应者。饶，燕士，果悍，即引斧椎坏之。"

[6]《汉书·匈奴传下》："明日，单于果遣右骨都侯当白将率曰：'汉赐单于印，言"玺"不言"章"，又无"汉"字，诸王已

下乃有汉言"章"。今印去"玺"加"新"，与臣下无别。愿得故印。'将率示以故印，谓曰："新室顺天制作，故印随将率所自为破坏。单于宜承天命，奉新室之制。'"

［7］印面上的文字凹入，又称为阴文。

［8］当时日本境内的其中一个国家。

［9］《西域传》作"刀护"。

［10］《汉书·匈奴传下》："先单于受汉宣帝恩，不可负他。今天子非宣帝子孙，何以得立？"

［11］《汉书·王莽传中》："降奴服于知威侮五行，背畔四条，侵犯西域，延及边垂，为元元害，罪当夷灭。命遣立国将军孙建等凡十二将，十道并出，共行皇天之威，罚于知之身。惟知先祖故呼韩邪单于稽侯累世忠孝，保塞守徼，不忍以一知之罪，灭稽侯之世。今分匈奴国土人民以为十五，立稽侯子孙十五人为单于。遣中郎将蔺苞、戴级驰之塞下，召拜当为单于者。诸匈奴人当坐虏知之法者，皆赦除之。"

［12］《汉书·王莽传中》："是时诸将在边，须大众集，吏士放纵，而内郡愁于征发，民弃城郭流亡为盗贼，并州、平州尤甚。莽令七公六卿号皆兼称将军，遣着武将军逯并等填名都，中郎将、绣衣执法各五十五人，分填缘边大郡，督大奸猾擅弄兵者，皆便为奸于外，挠乱州郡，货赂为市，侵渔百姓。莽下书曰：'虏知罪当夷灭，故遣猛将分十二部，将同时出，一举而决绝之矣。内置司命军正，外设军监十有二人，诚欲以司不奉命，令军人咸正也。今则不然，各为

权势，恐猲良民，妄封人颈，得钱者去。毒蠚并作，农民离散。司监若此，可谓称不？自今以来，敢犯此者，辄捕系，以名闻。'然犹放纵自若。"

| 第十三章 |

新朝诸政的失败

臣子谏言

上文提到，严尤对王莽的对匈作战计划持否定态度，并进言劝谏。其实在新莽成立后不久，朝中群臣就对王莽的诸多政策提出谏言。

首先，中郎区博于始建国四年（12年）就王田制提出建议：

井田制虽是圣王之制，但废除已久。周制已衰，百姓不从。秦朝懂得只有顺应民意才能获得莫大利益的道理，所以废井田，置阡陌（施行土地私有制），于是得以入主中原。直到今天，天下百姓也没有对秦制感到不满。现在如果违反民意，恢复已经废止千年的制度的话，就算尧舜再世，也需要百年时间逐步推进，才能成功。如今是天下初定，百姓归心的关键时刻，不该施行这种政策。[1]

　　区博在肯定王田制理念的同时，揭示其难以实施的现实，并指出其原因不是王莽失德，而是不符合历史发展趋势。这不仅没有触碰到王莽的神经，还符合王莽再三强调的尊重民意、重视民生之理念，心思不可谓不巧妙。王莽听了区博的谏言，担心百姓抵制王田制并心生怨恨，于是下令："诸名食王田，皆得卖之，勿拘以法。犯私买卖庶人者，且一切勿治。"王莽政权于始建国元年颁布的重要政策之一——王田制就这样迎来撤回的命运。

　　的确，区博的观点符合当时的现实情况。同时也可以认为，区博将土地私有制视为历史发展的必然趋势，并为特定阶级——即视土地私有和积累为理所当然的社会阶层——的利益代言。井田制作为圣人制定的圣制，为王莽的理想圣世提供了基础和可能，王莽以此为根据制定王田制，企图实现土地的公有化。可想而知，对于这种制度，当然会有反对立场和敌对势力。区博也许就是在以委婉的方式提醒王莽，某些社会阶层正在对王田制说不。如果这一推测成立，那么接下来的问题就是：王莽依靠哪股势力建立了王莽政权，又获得了哪些社会阶级的支持？推行王田制是否只是王莽的自以为是？而这些疑问，最终都要归结到一个基本问题：王莽政权的历史定位是什么？

　　纳言（汉朝大司农）冯常也曾就天凤四年（17年）颁布的六筦强化方案对王莽进行劝谏。当时王莽的命令非常严苛。他为了防止违规，针对六筦各项政策制定法律条文，违者最高可判处死刑。另外针对奴婢所有者，上公以下无一例外，每名奴婢征收三千六百钱。可见王莽保持着颁布王田制时的初心，始终没有放弃废除奴婢制度。冯常劝谏的目的，是阻止王莽强行推行上述政策，王莽大怒并将其罢免。在此之前的天凤三年（16年）五月，王莽颁布吏禄制度，在诏书中毫不掩饰财政方面的困难。当时朝廷不但不能按时发放官员的俸禄，甚至不能按照规定足额发放。财政窘迫应与军费增加有关，同时六筦政策所带来的收入显然也不尽人意。在这种情况下，财政负责人冯常进行了怎样的劝谏？遗憾的是其内容不得而知。

第二年，即天凤五年（18年），王莽任命大司马司允费兴为荆州牧，并在其上任之前询问荆州的治理方针。费兴回答道："荆州、扬州的百姓大都依靠山泽，以捕鱼或采集为生。近日，国家实行六筦制度，征收山泽税，与民夺利。加上连年久旱，百姓饥饿穷困，于是落草为寇。臣到任之后，将晓之以理，使为寇者返回乡里，出借耕黎、耕牛、种子和粮食，减免租税赋役，希望可以让百姓安心生活。"[2]王莽听后大怒，将其罢免。费兴基于苏州和扬州百姓生活的实际情况，主张应该针对不同地区的生产生活情况，推行相应的政策，这很可能受到了王莽于元始年间推行的济贫政策的影响。然而眼前的王莽根本听不进这种主张，更无从知晓后来举起倒莽反旗的势力正出现在荆州一带。

　　第三个要介绍的谏臣是严尤。前文提到，严尤曾批评王莽制定的对匈作战计划。天凤六年（19年），山东一带爆发饥荒，盗贼四起。力子都、樊崇等人率众起义，势力逐渐扩大，这股势力即赤眉军的前身。与此同时，匈奴单于被王莽强硬的对匈政策激怒，对边境的入侵愈演愈烈。王莽把王昭君的女婿须卜当掳至长安，立为须卜"善"于，加封后安公，以便在消灭屡犯边境的孪鞮舆后，扶持须卜当成为新单于。时任大司马的严尤在得知这一计划后进谏："须卜当在匈奴的右部，不仅从未侵犯过边境，还向朝廷报告单于的动向，对我方非常有利。现在将其安置在长安槁街（长安城内的胡人聚居地），不过一介胡人而已，不如留在匈奴发挥的作用更大。"[3]王莽没有理会，任命廉丹、严尤为二征将军，命其攻打匈奴，消灭孪鞮舆，以便扶植须卜当。严尤在离开长安城前，就古代名将乐毅、白起未得任用的含义和边境之事撰文三篇，试图以此改变王莽心意。另外他在上朝议政时，强烈主张暂时搁置匈奴问题、优先解决山东地区的反叛事件。王莽因此大怒，解除了其大司马一职。

　　地皇二年（21年），公孙禄也提出相同意见："不应攻打匈奴。应与之亲善。新朝的忧患不在匈奴，而在国家内部。"[4]但王莽仍然没有采纳。

　　王莽在这一时期的政治态度明显缺乏灵活性，也许是因为顾忌君主颜面。

买卖王田

如上文所述，王莽政权内部对其政策批评不断。实际上，诸多政策中的王田制于颁布后的第三年就被迫撤销。王田这一名称虽然得以保留，但从始建国四年（12年）开始，朝廷就默许了王田和奴婢的买卖，王田制名存实亡。尽管王田制的全貌及实施情况不明，不过一些史料仍值得玩味。

东汉光武帝刘秀曾作为舂陵刘氏宗族舂陵侯家的代表，前往大司马府，控诉追讨地皇元年（20年）十二月之前的二万六千斛田租及几万钱刍藁税的不正当性。根据《后汉书·光武帝纪上》和《东观汉记》中的记载，时任大司马的严尤——后来作为王莽阵营的将军在昆阳之战中与光武帝对峙——因此事与刘秀相遇。这一情节虽然看起来非常戏剧化，但确有其事。地皇元年之前的滞纳税金数额如此之多，也从侧面反映了舂陵侯家名田（私有田）面积之大。根据宇都宫清吉的分析，如果这笔钱是从王莽即位到地皇元年约十年的税金的话，那么按照王莽政权十分之一的税率进行粗略计算，可知当时舂陵侯拥有的土地已多达百顷。至于为何会出现如此巨额的滞纳税金，仅通过上述史料无法判断。王莽在即位后把舂陵侯在内的刘氏诸侯贬为庶人，那么列侯的领地也应该被朝廷收回，想必这百顷土地是舂陵侯家的私有资产。这说明在施行王田制时，舂陵侯的私有土地仍然为其家族所有。那么，王田制真正得以实施了吗？

由于史料不足，无法了解大地主名下土地的所有权在朝廷颁布王田制之后发生了怎样的变化，因此就无法确定王田制的实施情况。当然，郡县官员中很多人都是豪族子弟，所以有可能在当地的账簿中做了手脚，也有可能阳奉阴违，表面上依据法规施行王田制，实际却进行虚假申报。基于制度施行三年以来各地的实际情况，王田制于始建国四年被撤销——准确地说，是朝廷默许了王田奴婢买卖。其后，各种税收、自然灾害和灾荒使农民更加贫困。

王莽的初衷是想通过王田制来解决土地问题，但实际上却加速了土地的集中和垄断，不能不说是一种讽刺。不过当时如果没有与匈奴交恶从而导致国内骚动的话，王莽的王田制构想即使无法彻底实现，也能在一定程度上抑制大土地所有制的发展，或许还能成为催生新的土地政策的契机。

六筦政策与货币制度的失败

有关王莽经济政策的本质，有一个一针见血的观点：

从农民负担来看，与需要缴纳田租、算赋、口钱、更赋的西汉农民相比，新莽的农民需要缴纳三倍田租，负担更大。不过，在货币经济逐渐衰退的情况下，比起卖掉谷物以货币形式纳税，直接以谷物、布帛进行实物形式纳税可以减轻负担。这种税制与国家增加货币收入的目的背道而驰。加之，提高人头税和盐铁专卖价格等举措的效果有限。因此需要像武帝朝那样出台新政，增加工商业各项收入。于是，六筦政策以及通过币制改革来实现的通货膨胀政策应运而生。王莽政权也因此陷入需要通过追求工商业末利，从而实现井田圣制的矛盾之中。（山田胜芳《王莽时代的财政》）

如前文所述，在王莽发行的各类货币中，于始建国元年（9年）发行的"小泉直一"（重一铢）的价值仅为西汉五铢钱的五分之一。根据《王莽传》的记载，百姓私下都使用五铢钱进行交易。王莽急于扭转这种局面，便发布诏令，规定使用"小泉直一"、"大泉五十"等王莽朝货币是一种义务。于是，被禁用的五铢钱大量囤积，王莽朝货币陆续发行。不过最终王莽还是于地皇元年（20年）发行了五铢一钱的"货泉"作为基准货币，回归了汉朝的传统货币制度。从居摄二年（7年）到地皇元年（王莽统治期间）这一期间，王莽强制百姓使用价值低于五铢钱的铜钱，山田胜芳所说的通货膨胀政策一直在持续着。

通货膨胀政策必然会导致物价上涨，谷物价格当然也不例外。根据《汉书·食货志上》的记载，新莽末年，洛阳以东的米价高达两千钱一斛。正常价格大约在五十钱至一百钱之间。同时，自然灾害也加速了粮价的上涨。于是食不果腹的百姓别无他法，或入山泽寻找食物，或落草为寇，或卖身为奴。

天凤四年（17年），王莽再次颁布有关六筦的诏令，加重刑罚。可见为增加货币收入而制定的六筦政策并没有达到预期的效果。如上文所述，冯常在这一时期劝谏王莽，费兴也于第二年即天凤五年上书请求王莽撤销六筦政策，可见很多官员都已预见六筦政策的末路。

与王田制一样，六筦政策实施过程中的具体情况不明，史料也只记载了负责监督六筦政策的大商与官员之间的关系。不过，仍可以在一些线索中窥见被任命为命士（俸禄五百石）的"富贾（大商）"的一些真实情况。王孙卿是王莽任命的长安东市京司市师，《汉书·货殖传》中有关于此人的记载。王孙卿为长安人，以卖鼓积累巨额财富，是一位"以财养士，与雄桀交"的任侠之士。根据《汉书·食货志下》的记载，郡中通常有数名富贾被任命为命士，比如洛阳的薛子仲、张长书、临淄的伟氏等，他们应与王孙卿是同一类人。王莽也曾与《汉书·游侠传》中的陈遵、楼护等人有所往来。当时所谓的任侠或游侠，尤其那些通过经商积累财富的富豪，不仅招揽轻侠，为非作歹，还巴结高官，在做生意时享受便利。对于这样的人来说，被任用为命士，获得监管六筦政策的权力正是求之不得的敛财机会。

在反复无常的货币制度导致的经济混乱中，六筦政策最终没有实现增加货币收入的目的。被任命为命士的富贾们与负责实施六筦政策的郡县官员相互勾结，从中牟利，弄虚作假，侵占公款。六筦政策的实施可谓混乱至极，以致"奸吏猾民并侵，众庶各不安生"。

六筦政策的失败致使国库收入不足，再加上征讨匈奴等军费支出增加，使朝廷无法向官员发放足额俸禄，于是这些官员便利用职权榨取民脂民膏、贪污受贿，导致地方行政腐败；另外朝廷也以军费不足为由，通过财产税等临时税赋的形式把国库的负担转嫁到百姓身上。政策的失败导致恶性循环，百姓安居乐业的政治愿景最终土崩瓦解。

事实上六筦政策并非由王莽亲自制定。从地皇二年公孙禄的发言"牺和鲁匡设六筦，以穷工商"（译者注：见《汉书·王莽传下》）来看，鲁匡才是制定政策的负责人。虽然王莽听闻公孙禄的发言勃然大怒，但后来还是采纳了他的建议，将鲁匡降职。参与王田制制定的是张邯和孙阳，在制定政策的过程中，想必六筦政策和土地政策的负责人之间曾存在分歧。

另外，剧烈且深入的制度改革非常考验地方行政官员的应对能力，同时也可能使其消极抵抗。这时就需要王莽拥有全局视野和平稳运作的能力。但是，对古文经学典籍的执着和实现儒家圣世的愿望使其闭目塞听，一意孤行。于是导致经济政策在整体上缺乏灵活性，加速了经济混乱和民生恶化。最终，于新莽灭亡前一年，即地皇三年（22年），王莽颁发诏令："除井田、奴婢、山泽、六筦之禁，即位以来诏令不便于民者，皆收还之。"（译者注：见《汉书·王莽传下》）其颁布的诸多基本国策就被这样一笔抹去了。

心腹叛离

前文曾提到过一些王莽的心腹。其中核心智囊应该是王氏一族中最忠于王莽的王舜和王邑、孔光的女婿甄邯与其弟甄丰，还有既是王莽姻亲、又在思想启迪与儒家经典解读等方面为王莽政权的建立做出巨大贡献的刘歆。以下，是班固对王舜、甄丰、刘歆三人的内心与行动的叙述。

这三人是制定彰显王莽功德的"安汉公"、"宰衡"封号的始作俑者，因此获得了恩宠和财富。当时三人已经心满意足，不但没有盼望王莽摄政，更没有打算拥立王莽称帝。然而，在泉陵侯刘庆、前辉光谢嚣及长安令田终术等人的提议和推波助澜下，王莽萌生了摄政之意并如愿以偿。这时，王舜等三人便对汉朝宗室及天下豪杰心生畏惧。

后来，有人为巴结王莽而献上符命，成功将其推上皇位。王舜和刘歆暗自惶恐，甄丰的担忧被王莽察觉。心中不快的王莽在即位之后便以符命为由，贬大司空甄丰为更始将军，与卖饼的王盛平起平坐，甄丰、甄寻父子因此郁郁寡欢。时任职侍中、京兆大尹的甄寻假托符命，称新朝应该效仿周公和召公的旧例，将陕（河南省三门峡市）划分为东西两地，设置左右二伯，以甄丰为右伯，太傅平晏为左伯，王莽予以采纳。可是，甄寻得寸进尺，又制作了一道符命，称当时改称黄皇室主的元平帝皇后应为自己的妻子。王莽觉察到这是一场骗局，怀疑心腹大臣们对其怨恨非议，便打算立威以震慑群臣，于是怒斥曰："黄皇室主天下母，此何谓也！"并下令抓捕甄寻。甄寻畏罪潜逃，其父甄丰自杀。不久后，伪装成道士逃入华山的甄寻被捕。在审讯中，甄寻又供出刘棻（刘歆之子，时任侍中东通灵将、五司大夫）、刘泳（棻弟）、王奇（大司空王邑的弟弟）和丁隆（刘歆门人，时任侍中、骑都尉）等人。此事牵连甚广，公卿、亲族、列侯被处以死刑者多达数百人。

在此事之后，时任太师、位居四辅的王舜于始建国三年（11年）离世。王莽令王舜之子王延继承安新公爵位，封王延的弟弟王匡为太师将军，并对二人寄以"永为新室辅"的厚望。至于刘歆，因其二子均死于王莽之手，后来女儿刘愔、即王莽四子之妻也被迫自杀，其对王莽的怨恨可想而知。

就这样，王莽逐渐失去了心腹官员的信任，不得不亲自处理繁杂的政务。王莽认为"制定则天下自平"，于是他苦心设计封地和地方行政区划，推进制礼作乐，并考究儒家经典，使制度与之相合。就连中央及地方官府针对制度改革与政令等事务提出的问询、地方诉讼等方面的报告与请示，也要亲力亲为。但政令繁多，王莽虽然常常通宵达旦，但仍然无法全部应对。另外，宦官受王莽委任，开始管理财物。官民上奏本该由尚书负责，但宦官及王莽的亲信却拆开奏书，不与尚书知晓，可见王莽对普通官员的戒备之重。尚书因此消极怠工，以致政务出现拖延，甚至出现上书者连年得不到回复、被拘留在郡县监狱中的嫌犯未被定罪就被赦免的情况。

这些问题在天凤年间逐渐显露，同时王莽自以为是的态度也加剧了群臣对其的孤立。

译者注：

[1]《汉书·王莽传中》："井田虽圣王法，其废久矣。周道既衰，而民不从。秦知顺民之心，可以获大利也，故灭庐井而置阡陌，遂王诸夏，讫今海内未厌其敝。今欲违民心，追复千载绝迹，虽尧舜复起，而无百年之渐，弗能行也。天下初定，万民新附，诚未可施行。"

[2]《汉书·王莽传下》："荆、扬之民率依阻山泽，以渔采为业。间者，国张六筦，税山泽，妨夺民之利，连年久旱，百姓饥穷，故为盗贼。兴到部，欲令明晓告盗贼归田里，假贷犁牛种食，阔其租赋，几可以解释安集。"

[3]《汉书·王莽传下》："当在匈奴右部，兵不侵边，单于动静，辄语中国，此方面之大助也。于今迎当置长安槁街，一胡人耳，不如在匈奴有益。"

[4]《汉书·王莽传下》："匈奴不可攻，当与和亲。臣恐新室忧不在匈奴，而在封域之中也。"

第十四章

豪族与民众的反叛

吕母之乱

琅琊郡海曲县（今山东省日照市）有一个被称为吕母的人。吕母的儿子曾经在县中任职，天凤元年（14年），因小罪被县宰（汉朝的县令）处以死刑。吕母心生怨恨，密谋复仇。她家境富裕，资产数百万钱，于是便用这些钱大量酿造美酒，购买刀剑、衣物。当地年轻人沽酒皆可赊账，看到经济贫困的穷人，她大方地借出衣物。通过这些手段，吕母拉拢了很多年轻人，后来又出海召集了数千流亡者，自称将军，率众返回故乡，攻下海曲县城，活捉县宰。尽管县中诸吏叩头求情，但吕母仍斩杀县宰，并用县宰首级祭奠其子，随后返回海上。

除《后汉书·刘盆子列传》之外，关于吕母之乱的记载还可见于《王莽传下》天凤四年（17年）。被县宰处以死刑的吕母之子，所犯罪行不明。或与始建国二年（10

年）颁布的六筦政策中的酒专卖制度有关。从吕母家境殷实这一点进行大胆推测，如果其家族是依靠酿酒卖酒积累财富的酒商的话，那么很有可能在始建国二年六筦政策实施后，吕母之子仍没有中断经营，终于在四年之后被人揭发并处以死刑。根据《王莽传》中关于六筦政策的诏令，朝廷于各郡设一名酒士进行监管，违反酒专卖制度之人将被流放西海郡。如果是这一时期，吕母之子即使被人揭发，也罪不至死。到了吕母起兵的天凤四年，王莽才再次颁布六筦政策的强化方案。在此之后，死刑才成为违反六筦制的最高量刑。也就是说，在朝廷眼中，自天凤元年起开始大量酿酒的吕母才是打破禁令的罪人。

吕母之乱的参与者中有很多流亡者，想必是一些逃犯或难民。那么，为何会出现这么多流亡者？奉王莽之命，前去赦免吕母一伙的使者的回报可以回答这个问题："盗贼团伙被解散之后，马上又会集结在一起。我问他们理由，他们异口同声地回答，法禁烦苛以致束手束脚，劳作所得不足以纳税，躲在家里会因近邻私铸铜钱而连坐，枉法营私的官吏让百姓生活疾苦。百姓穷困潦倒，只能落草为寇。"[1]王莽听后迁怒于使者，将其罢免。

当时，百姓除了要承担田租（十分之一税率）、夫布（一匹）和劳役这些基本赋役之外，还会被临时征税，已不堪重负。另外，由于朝廷无法足额发放俸禄，官员利用职务之便压榨百姓，更让百姓苦不堪言。有这样一则史料反映了当时的情况：天凤五年（18年）正月，王莽下诏，针对大夫以上级别的驻边军官及边郡县官员中为"奸利"增产致富者，征收其家产的五分之四，补贴驻守边境的军费。"奸利"即非法所得，想必其中大部分都是民脂民膏。另外，天凤六年（19年），为了备战匈奴，朝廷还命令全国官员与百姓以缣帛的形式缴纳三十分之一的资产税，收缴的缣帛全被运往长安。无论何时，战争都是一件劳民伤财的事情。

分割北海郡而成的翼平郡连率田况上奏，称很多郡县都有官民财产申报不实的现象。于是王莽再次征收三十分之一税率的财产税，并将田况加封为伯爵，赐钱二百万。百姓对其骂声一片。青州与徐州的大部分百姓背井离乡，老弱惨死街头，壮健落草为寇。

天凤五年，一个以力子都、樊崇等人为首的叛乱团体在城阳国莒县（今山东省莒县）揭竿而起，即后来的赤眉军。其中很多人原本追随吕母，在吕母死后便投奔于此。这支叛军横扫各地，很快就发展到数万人。王莽动员郡国兵进行讨伐，但已无法镇压。严尤之所以劝谏王莽，提议搁置匈奴问题，优先平定山东，就是出于对这支叛军的顾虑。而结果也正如严尤担心的那样，这支叛军不断壮大，最终成为导致王莽政权灭亡的重要因素之一。

赤眉军进击

地皇元年（20年），南方绿林军起义。二年，腹地三辅（即长安周边）盗贼四起。王莽置捕盗都尉官，命令执法谒者在长安城内缉盗，接着又派遣太师羲仲景尚、更始将军护军王党领兵镇压山东一带叛军，派遣国师和仲曹放协助郭兴进攻句町。另外，还将天凤六年（19）以财产税为名目从全国征集而来的粮草钱财运往西河、五原、朔方、渔阳各北方边郡，作为攻击匈奴的物资储备。

地皇元年七月，钜鹿郡男子马适求等人密谋举燕、赵之兵诛杀王莽一事败露。王莽命人抓捕其党羽，数千名郡国豪杰遭到牵连，最终都被处死。这一时期，除了周边异族叛离之外，在全国范围内也逐渐出现了各路倒莽势力。

力子都、樊崇等人于天凤五年（18年）起义之后，赤眉军势力日益壮大。奉王莽之命前去镇压叛军的景尚于地皇三年（22年）二月被赤眉军所杀。王莽随即又派出太师王匡和更始将军廉丹。翼平郡连率田况以果敢勇猛闻名于世，他自作主张征调四万名十八岁以上男子，命令他们刻石为约，决不投降，并擅自授以兵器。赤眉军闻之，不敢入郡。田况主动向王莽检举了自己的越权行为。王莽对其严加斥责，但没有治罪。其后，田况请缨，出郡讨伐赤眉军。田况军所向披靡，势如破竹，于是王莽任命田况为青、徐二州州牧。

田况听闻王莽派出王匡和廉丹，便向王莽上奏："盗贼始发之时，虽然势力单薄，但也不是可以轻松消灭的。地方长吏不以为意，应负主要责任。在上报贼患时，县欺瞒郡，郡欺瞒朝廷，没有据实以告。于是朝廷没有及时有效地应对，直到叛乱蔓延各州，才派出将领和使者。郡县官员为了自保，不去制定剿匪之策，处理郡县事务，而是把精力放在接待长官上。目前洛阳以东的米价已涨到二千钱一斛。闻陛下欲派出王匡、廉丹两位将军。两位重臣多带人马则沿途粮食空竭，少带人马又难以威慑贼寇。不如尽快选出州牧、郡尹以下的官员，明确奖惩制度，召回背井离乡的百姓。再将无城郭小国之老弱病残移至大城，储备粮食，合力固守，盗贼攻城也必将无功而返。叛军无法在所经之处获得粮食供给的话，势必无法壮大。如此，招之必降，击之则灭。现在一味派遣将领，只会加重郡县的负担，其害甚于盗贼。不如召回朝廷所派使者，让郡县得以喘息。至于二州盗贼，微臣必将平之。"[2]

这则史料明确反映了当时讨贼军给地方造成的伤害。但王莽却对此视而不见。另外，最根本的问题是，王莽对百姓落草为寇的原因缺乏理解。百姓因为食不果腹，所以才有人抢夺劫掠，有人入山泽寻找食物。而在面对讨贼军时，他们当然会出于本能，为自保而战。朝廷派出的讨贼军指挥官就是在这种战斗中战死或负伤的。不问青红皂白，就给百姓扣上反抗朝廷、大逆不道的罪名，完全是安居长安、不了解地方实际情况的统治者的先入为主罢了。

王莽看了田况的上奏之后，对叛军又怕又恨，于是免除其州牧职务，召回朝廷，任命为师尉大夫。田况离开之后，山东一带随即沦陷。由此可见，王莽并不具备田况的战略思想。地皇三年（22年）四月，王莽在派出王匡与廉丹时，仅命令他们开仓救济灾民，而没有考虑到在发放粮食之后该如何部署。

正如田况所言，太师王匡与更始将军廉丹率领十余万大军前往山东后，民间开始流传这样的"谣"："宁逢赤眉，不逢太师。太师尚可，更始杀我。"地皇三年十月左右，无盐（山东省东平县附近）的索卢恢献城起义，被王匡、廉丹军击败。此时，赤眉军别校董宪等数万人滞留梁郡（河南省章丘市）。王匡不顾廉丹的反对，在成昌与董宪军交锋，结果大败而逃，廉丹坚守阵地，最终战死。

根据《后汉书·刘盆子传》记载，以樊崇等人为首的叛军为区分敌我，把眉毛染成红色，于是号曰"赤眉"。有种说法认为，"赤眉"的"赤"象征汉朝的火德。如果这一观点成立的话，那么樊崇叛军有可能是在以这种方式表达光复汉室的决心和对王莽政权的否定。

孤独与狂躁

行文至此，不妨将视线转向长安，观察地皇元年（20年）以降王莽身边发生了哪些事情。

地皇二年（21年）正月，王莽的妻子、新莽第一代皇后王氏去世，谥曰孝睦皇后，葬于汉元帝渭陵长寿园以西。其陵墓被称为"亿年陵"，有永侍元后之意。元后已于始建国五年（13年）二月辞世，葬于渭陵。根据《王莽传中》记载，王莽以沟渠隔于元后陵与元帝陵之间。想必是以此举表示汉新之断绝。如今，元帝陵西北方向不远处有一陵墓，据说就是元后陵。

当年，妻子王氏因亲生儿子们被王莽逼死而悲伤过度，双目失明。王莽便把照顾王氏的任务交给皇太子王临。王氏有一婢女原碧，受王莽宠爱。后来，皇太子王临

元后陵（前）和元帝渭陵

与其私通，担心事情败露，便与原碧密谋杀害王莽。王临妻子刘愔通晓星象，她告诉王临宫中不久后会有"白衣会"（指葬礼）。王临以为杀害王莽的计划将得手，非常高兴。

地皇元年七月，王安被封为新迁王，皇太子王临被封为统义阳王，不得不搬出宫中。王临越发担心私通之事败露，当得知母亲病情加重，便写了一封信："上（王莽）于子孙至严，前长孙（长子王宇）、中孙（次子王获）年俱三十而死。今臣临复适三十，诚恐一旦不保中室，则不知死命所在！"王莽探望妻子时看到这封书信，大发雷霆，怀疑王临图谋不轨，甚至不许他参加母后葬礼。

最终，密谋杀害王莽一事败露，四子王临自杀。王莽责备刘歆："临（王临）本不知星，是从愔（刘愔）起。"于是刘愔亦自杀。同月，王莽三子、新迁王王安病逝。当初，在王安病情加重时，王莽担心四个儿子死后后继无人，便想到出生于新野的几个孩子。他使用惯用的手段，代王安拟定奏文，借王安之口提出为其子王兴、王匡，女儿王晔、王捷封爵的要求，并在得到诸位公卿的赞成之后，将四人召至长安。此时，长子王宇之子、功明公王寿病逝。地皇二年正月之内，王莽失去四位亲人，他破坏武帝庙与昭帝庙，用以分葬子孙。

时间回到三年前。天凤五年（18年），长子王宇四子王宗因被服天子衣冠等僭越之举，加之曾与被流放合浦的宗舅吕宽暗中来往一事败露而被下有司，其后自杀。于始建国元年，凭借符命由城门令史升至卫将军的王兴之妻王妨是王宗的姐姐。王妨诅咒平帝皇后、杀死婢女灭口之事败露，夫妇二人被王莽问责，最后双双自杀。

就这样，地皇二年，王莽失去妻子和四子，只剩平帝皇后一女在世。新野诸子和长子王宇的后代有八人，当时在世的只有四个孙子和后来成为孺子婴妻子的孙女。不过，也不能归咎于王莽一人。他作为一家之长虽然有不教之过，但子孙行为不轨，只能说是咎由自取。王莽面对子孙毫不姑息的态度和做法，或许与其保守的政治立场有关，抑或是一种"大义灭亲"的精神。

面对家门不幸，王莽仿佛是在逃避内心哀伤和孤独，反而为实现自己的政治理想夙兴夜寐。另一方面，朝中心腹叛离，群臣对之好感尽失，王莽的勤政也许是对这一局势的反抗。

地皇元年，方士向王莽进言，称观云气有土功之象，宜兴土木，于是王莽下令建造新朝宗庙。在占卜后，庙址定于长安城南郊，占地百顷。汉朝建章宫等十余所上林苑中的建筑被拆除，材瓦被用以建造九庙。王莽广招全国能工巧匠，以加官晋爵鼓励官民捐粮，以备施工之用。凡捐六百斛粮食者，平民可任郎官，官员则可封附城（译者注：相当于关内侯）。九庙一曰黄帝太初祖庙、二曰帝虞始祖昭庙、三曰陈胡王统祖穆庙、四曰齐敬王世祖昭庙、

五曰济北愍王王祖穆庙、六曰济南伯王尊祢昭庙、七曰元
城孺王尊祢穆庙、八曰阳平顷王戚祢昭庙，九曰新都显王
戚祢穆庙。祖庙之下为昭穆制（译者注：古代宗法制度。
始祖居中，以下递为昭穆，左为昭，右为穆）。前五庙为
世世不毁之庙。西汉刘氏宗庙依据儒家七庙制。如前文所
述，七庙构成这一重要政治问题和南北郊祀问题，已于平
帝朝被王莽解决。九庙制应该是由刘歆所定，刘歆认为七
庙虽是正法，但并不唯一。九庙供奉的祖先可见于王莽
《自本》之中，王莽之父王曼列第九位。

　　始祖黄帝庙东南西北各四十丈（一丈约为2.3米），高
约十七丈，是其余诸庙规模的二倍。九庙均为二层建筑，
斗拱为铜制，金银花纹雕饰，穷极百工之巧。九庙工程支
出高达数百钜万，数万劳役死亡。

　　另外，以下内容也可以看出王莽心中的狂躁。皇后
于正月刚刚离世，阳成修就在同年的闰九月献符命，提议
继立民母（即册立皇后），并称"黄帝以百二十女致神
仙"。于是王莽派遣使者前往全国各地，挑选乡里淑姿出
众之女。同月，王莽因畏惧高祖之灵，派人毁掉高祖庙。
王莽听闻黄帝时有人曾作华盖成仙，便打造高八丈一尺的
九重华盖（即车上的伞盖），载以秘机四轮车，驾六马，
命令三百名力士身着黄色衣帽于车上击鼓，拉车的人皆高
呼"登仙"。王莽外出时让这辆车在前面引路。官员窃
语："此似辒车（颜师古注：'辒车，载丧车'），非仙

物也。"

王莽称帝后痴迷方术，根据《汉书·郊祀志》的记载，始建国二年（10年），王莽听从方士苏乐的进言，耗巨资在宫中建起八风台，行黄帝谷仙之术，而到了王莽朝末期，祭祀鬼神多达一千七百所。由此可见，地皇年间，王莽的精神似乎有些异常。

南方民众

前文提到，费兴曾被任命为荆州牧，但随即遭到免官。那么他在治理方针中提到的荆州与扬州的百姓，以及南方地区的情况如何？《后汉书·刘玄列传》（即更始帝）中有关绿林军的记载大致如下：

新莽末期，中国南部地区发生饥荒。成群百姓于荒野沼泽采食荸荠充饥。其间不断出现抢夺现象。新市（湖北省京山县）王匡、王凤二人因公平裁决纠纷而被拥戴为首领，约有数百人追随。逃亡至此的马武、王常、成丹等人也加入其中。这些人合力袭击离乡聚（译者注：远离城郭的村落，一说地名），并潜伏在绿林山（湖北省随州市西南）中，几个月时间就发展到七、八千人。[3]

从上述记载可以看出，这一团体的形成过程与赤眉军大致相同。为了维持当地治安，王莽于天凤五年（18年）计划派出大司马司允费兴。除了荆州地区，费兴也提到了扬州。当时，以扬州为首，长江下游和淮河流域各州郡，即江淮地区也发生叛乱。《王莽传下》记天凤四年（17年）有云："临淮瓜田仪等为盗贼，依阻会稽长州（今江苏省苏州市）。"地皇二年，储夏毛遂自荐，称愿去招降瓜田仪。于是王莽任命其为中郎。瓜田仪虽已递交降书，但还未正式投降便突然死亡。王莽将其厚葬，赐其谥号，希望能够以此招降余众，但未能如愿。

再看当时绿林军的情况。地皇二年，荆州牧率领两万人讨伐绿林军，遭到王匡等人的迎头痛击，数千人战死，辎重车被夺。其后绿林军再次隐匿于绿林山中。地皇三年（22年），疫病蔓延，绿林军死者近半，幸存者引兵分散。王常、成丹等人向西进入南郡（湖北省江陵市），称"下江兵"；王匡、马武等人则向北进入南阳郡，称"新市兵"；诸首领均自称将军。

同年七月，王匡等人率兵攻随（今湖北省随州市）失败。与此同时，平林的陈牧和廖湛纠集民众千余人，自称"平林兵"，与王匡等人相呼应，逃亡平林的南阳刘玄此时也投靠陈牧军。除来自新市、平林的诸势力之外，以刘縯、刘秀兄弟为首的豪族也在南阳郡蔡阳县春陵乡揭竿而起，为区别于绿林军而自称"汉军"。各路人马后来集结一处，共同对抗新莽军。

　　在更始帝即位之后，史书将这支联合军统称为"汉军"。

南阳刘氏起义

　　长沙定王刘发为景帝之子。其子刘买在武帝朝被封为列侯，封地位于南方的零陵郡泠道县春陵乡（今湖南省宁远县东）。元帝时，刘买之孙刘仁以气候恶劣为由请求调换封地。在得到允许后，刘仁与堂弟刘回，即光武帝祖父一家及族人移居南阳郡蔡阳县白水乡（今湖北省枣阳市南），白水乡变成了春陵侯国。南阳郡刘氏除二人之外，还有刘买的两个兄弟——安众侯刘丹（封地位于今河南省邓州市东）与复阳侯刘延（封地位于今河南省桐柏县西北）。此三家祖先同为长沙定王刘发，想必刘仁希望将封地移至南阳也与此有关。

　　南阳刘氏与王莽颇有"缘分"。前文提到，安众侯刘崇曾起事反莽，春陵侯家的姻亲翟义也企图推翻王莽政权。根据《后汉书·城阳恭王刘祉列传》记载，平帝时，王莽在明堂举行祫祭，召集刘氏一族前来助祭，春陵侯刘敞与刘崇同赴长安。当时刘崇私下对刘敞说："安汉公（王莽）擅国权，群臣莫不回从（即曲从），社稷倾覆至矣。太后春秋高，天子幼弱，高皇帝所以分封子弟，盖为此也。"刘敞欣以为然。

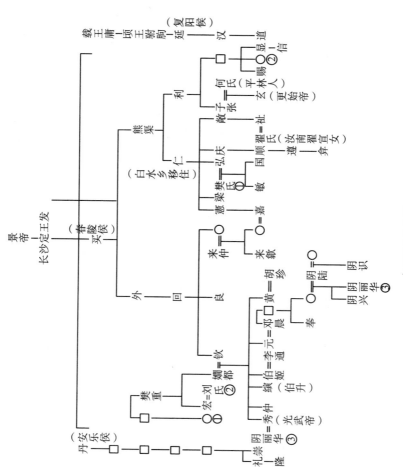

南阳刘氏世系图

居摄元年（6年）四月，在刘崇造反失败被诛后，刘敞欲寻求支援，便与名门望族结为姻亲。其子刘祉迎娶邻郡汝南翟宣之女翟习为妻，翟宣即丞相翟方进之长子。居摄二年（7年）九月，翟义发动叛乱，刘祉之妻被南阳郡有司抓捕，其后遇害，刘祉自己也身陷囹圄。刘祉的父亲刘敞上书谢罪，表示愿率领子弟宗族作为先头部队前去平定叛乱。当时王莽刚刚开始摄政，为了取得宗室欢心，没有将其治罪。但在他称帝之后，几乎所有刘氏成员都被剥夺了诸侯王或列侯爵位，贬为庶民。南阳刘氏与王莽之间的"缘分"和因刘氏一族被贬产生的愤怒，想必深深刻在了刘縯和刘秀的心中。总之，南阳刘氏倒莽的背后，隐含着颇为复杂的纠葛。

再给南阳刘氏与王莽之间的"缘分"做些补充。王莽叔父王立遭到王莽的排挤，被遣南阳郡红阳国就国。根据《元后传》记载，王立与南阳诸刘"结恩"。王立与王莽为对立关系，因此有理由相信，其与南阳刘氏为同盟关系。正因如此，吕宽事发后，王立在王莽的逼迫下自杀。王立与南阳刘氏结盟的具体情况不得而知。不过他还在长安时，就与任侠、游侠之流颇为亲密，因此很有可能与刘氏一族也是江湖之交。南阳一带任侠之风盛行，刘縯、刘秀兄弟喜好结交天下英雄，这些史料均有记载。在王立自杀之后，王莽顾忌元后情面，没有废除他的爵位。于是元始四年，王立次子王柱继任红阳侯。王立三子王丹任中山太守。光武帝远征北方时，王丹投降并被任命为将军。其后王丹战死，光武帝怜恤，封王丹之子王泓为武桓侯。这些应该都和王立与南阳诸刘"结恩"有关。

地皇三年十月，南阳刘氏起兵。现参考《后汉书·光武帝纪》及其他史料，将其经过整理如下：

　　与刘秀一起在宛县起兵造反的是李通及其堂弟李轶等人。南阳李氏是当地豪族，世代以经商闻名。李通的父亲李守师从刘歆，精通星历谶记，曾在长安担任王莽朝宗卿师一职。李通也曾任五威将军、巫县县丞，以能力著称。他平时常听父亲李守提起一段谶文："刘氏复兴，李氏为辅。"并一直记在心里，因此，听闻刘秀已至宛县，便前去与其见面，并提起那段谶语。当时刘秀虽然并没有马上回应，但在掌握李通真实想法之后，与其一拍即合。

　　此时，刘縯也在舂陵召集诸豪族，制定叛乱计划。最后决定，新野豪族邓晨（刘縯兄弟的姐姐刘元的丈夫）在新野、刘秀等人在宛县、自己在舂陵各自起兵。当时正在长安游学的新野豪族阴识也匆忙赶回家乡，率领宗族、宾客千余人与刘縯会合。刘秀等人计划于立秋阅兵之日，劫持前队大夫（南阳太守）甄阜和属正（都尉）梁丘赐，号令大众，然后刘秀和李轶返回舂陵，举兵呼应。然而计划败露，李通虽然得以逃出宛县，但其兄弟和一门六十四人均被处死后焚尸宛县闹市，身居长安的李守及家人也被王莽杀害。

刘縯于十月在舂陵起兵。他派刘嘉游说新市、平林的叛军领袖王匡和陈牧，二人带兵前来会合，屠长聚及唐子乡，杀湖阳县尉，攻陷棘阳，最终与李通、刘秀等人成功会师。接着，他们计划从棘阳出发，进攻宛县，但却在小长安与甄阜、梁丘赐军的会战中大败。当时刘縯兄弟次子刘仲战死，刘秀等人的姐姐刘元及其三个女儿也被敌军杀害，数十刘氏族人战死。

于小长安战败之后，刘縯退守棘阳，召集兵众。甄阜和梁丘赐将辎重留置于蓝乡（棘阳县乡名），前往泚水附近摆兵布阵。曾与刘縯同进退的新市、平林军见联军战败，甄阜军将至，便打算四散而去。

回到地皇三年四月，下江兵王常、朱鲔、陈牧等人大肆进攻离乡聚，王莽派遣司命大将军孔仁、纳言大将军严尤、秩宗大将军陈茂前去镇压。严尤军虽然击败了王常军，但后者重整旗鼓，于上唐大破荆州牧，率领五千人屯守宜秋。十月，刘縯联军兵败小长安，新市、平林兵欲脱离汉军四散而去。刘縯与刘秀、李通等人赶到宜秋聚，说服下江兵首领王常与汉军会合。于是新市、平林两路人马便留了下来。

第二年，即地皇四年（23年）正月，各路人马终于兵合一处。刘縯命士兵养精蓄锐，于数日后夜袭蓝乡辎重。

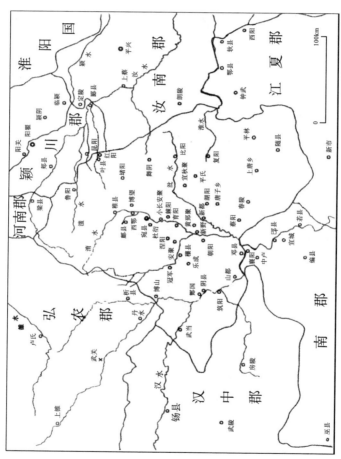

南阳郡及周边图

次日清晨，汉军与下江兵从两个方向分别对甄阜、梁丘赐军发起进攻。梁丘赐军溃败，甄阜军望风而逃，汉军乘胜追击，终于将甄阜和梁丘赐二人斩杀。就这样，南阳豪族与百姓的联合军发展为王莽政权无法忽视的反叛势力。

昆阳之战

刘縯在斩杀甄阜等人之后，见严尤、陈茂军欲进驻宛县，便一鼓作气，继续行军，在昆阳与之遭遇。在这场战斗中，叛军斩首三千余人，严尤、陈茂弃军而逃。王莽素闻刘縯之名，在听说严尤和陈茂战败，刘縯兵围宛县之后，大惊失色，以封邑五万户、黄金十万斤和上公之位（《王莽传下》记载为："封为上公，食邑万户，赐宝货五千万"）的巨额悬赏抓捕刘縯，还命令长安官署及全国乡亭画出刘縯的肖像，每天早晨以弓箭射之。

另一方面，在刘縯军将宛城团团包围之后，诸将提议拥立刘氏为帝，众豪杰皆推举刘縯，而新市兵和平林兵却将刘玄立为皇帝。刘玄于二月登基，是为更始帝，改地皇四年为更始元年，封刘縯为大司徒，刘秀为太常偏将军。同年三月，刘秀与诸将分别攻下颍川郡的昆阳、定陵、郾诸城，把缴获的牛马和数十万斛谷物运送至宛县城下。

四月，王莽听闻甄阜、梁丘赐战死，汉帝已立之后，派出大司徒王寻、大司空王邑前往洛阳，动员诸郡，欲集结百万大军。这支军队被称为"虎牙五威兵"。各州郡州牧、太守纷纷选拔精兵，率军前往洛阳，但最初集结兵力仅有四十二万，其余尚在道中。五月，这支军队进入颍川境内，与败给汉军的严尤、陈茂军会合。王莽从全国召集善兵法者数百人，"选练武卫，招募猛士，旌旗辎重，千里不绝"（《光武帝纪》）。王莽还任命身高一丈、自称巨无霸的巨人为垒尉，以效仿黄帝垒壁，象征讨伐军的铜墙铁壁（译者注：后汉书注引《崔瑗中垒校尉箴》曰："堂堂黄帝，设为垒壁。"又称："尉者主垒壁之事"）。另外还驱赶虎、豹、犀、象等猛兽，以助军威。《光武帝纪》有云："自秦、汉出师之盛，未尝有也。"

刘秀率领数千兵士，前往阳关迎击。诸将见王莽军兵力强盛，纷纷逃至昆阳，皆心生恐惧，担心妻儿安危，打算各自归城。虽然刘秀成功说服诸将驻守昆阳城，但当时兵力只有八、九千人。于是刘秀命令成国上公王凤与廷尉大将军王常留守昆阳城，打算自己与骠骑大将军宗佻、五威将军李轶等十三人策马出城，集结兵力。但此时十万王莽大军已兵临城下，刘秀等人险些无法出城。不过最后终于成功抵达郾和定陵，召集诸营兵士。

王莽军指挥官的严尤向王邑提议："昆阳城小而坚。如今伪帝在宛，如果迅速率领大军前往，其必弃宛而逃。拿下宛城，昆阳城则不攻自破。"[4]王邑反驳道："我曾经作为虎牙将军围剿翟义，因为没有将其活捉而受到责备。现在率领百万兵力，如果所过之城不能攻克，又该如何交差？"[5]于是王莽军包围昆阳城数十重，摆开数以百计的阵营。架起十多丈高的云车，甚至可以俯瞰城内的情况。城外军旗蔽野，沙尘漫天，鼓铙震天，可传至数百里之外。另外王莽军还挖掘地道，准备攻城车。城外积弩乱发，城内箭如雨下，百姓要背着门板才能出门打水。这时，留守的王凤军请求投降，但却未被接受。

六月一日，刘秀率领一千多名步兵和骑兵向昆阳城进发，在距离王莽大军两公里处排兵布阵。王寻和王邑派出几千兵力迎击。刘秀势如破竹，斩首数十级（李贤注："秦法，斩首一，赐爵一级，故因谓斩首为级"）。诸营将士喜曰："刘将军平生见小敌怯，今见大敌勇，甚可怪也，且复居前。请助将军！"刘秀继续带兵推进，王寻和王邑派出的士兵却开始撤退。于是刘秀率军乘胜追击，斩首数千百级。

此时刘秀还不知道，刘縯已于三日前攻陷宛城。刘秀军取得胜利后，士气大涨，于是刘秀亲率三千敢死士，利用昆阳城西河流，冲入敌营腹地。王寻和王邑阵脚大乱，汉军趁势将其一举击溃，最终斩杀王寻。此时昆阳城内也击鼓出兵，里应外合，呼声震天。王莽军大败，百余里间尽是跌跌撞撞落荒而逃的士兵。这时恰好雷雨大作，一时间狂风怒号，瓦片皆飞，大雨如注，流经昆阳城东北方的滍水泛滥，王莽军中的虎豹猛兽瑟瑟发抖，逃跑的士兵争相跳入河中，溺死者数以万计，甚至堵塞了河流。王邑、严尤、陈茂等人轻装上马踏着尸体渡水逃走，百万王莽大军就这样败走而归。

以上《后汉书》中的记载给人的第一感觉是，作者过于刻意地塑造了一个智勇双全的刘秀形象。与之形成鲜明对比的，是毫无斗志的王莽军。作者描绘的历史舞台上新旧主角交替时的气氛、王莽政权行将就木的颓态究竟有多少可信度？

译者注：

[１]《汉书·王莽传下》："盗贼解，辄复合。问其故，皆曰愁法禁烦苛，不得举手。力作所得，不足以给贡税。闭门自守，又坐邻伍铸钱挟铜，奸吏因以愁民。民穷，悉起为盗贼。"

[２]《汉书·王莽传下》："盗贼始发，其原甚微，非部吏、伍人所能禽也。咎在长吏不为意，县欺其郡，郡欺朝廷，实百言十，实千言百。朝廷忽略，不辄督责，遂至延曼连州，乃遣将率，多发使者，传相监趣。郡县力事上官，应塞诘对，共酒食，具资用，以救断斩，不给复忧盗贼治官事。将率又不能躬率吏士，战则为贼所破，吏气浸伤，徒费百姓。前幸蒙赦令，贼欲解散，或反遮击，恐入山谷转相告语，故郡县降贼，皆更惊骇，恐见诈灭，因饥馑易动，旬日之间更十余万人，此盗贼所以多之故也。今雒阳以东，米石二千。窃见诏书，欲遣太师、更始将军，二人爪牙重臣，多从人众，道上空竭，少则亡以威视远方。宜急选牧、尹以下，明其赏罚。收合离乡、小国无城郭者，徙其老弱置大城中，积藏谷食，并力固守。贼来攻城，则不能下，所过无食，势不得群聚。如此，招之必降，击之则灭。今空复多出将率，郡县苦之，反甚于贼。宜尽征还乘传诸使者，以休息郡县。委任臣况以二州盗贼，必平定之。"

[３]《后汉书·刘玄列传》："王莽末，南方饥馑，人庶群入野泽，掘凫茈而食之，更相侵夺。新市人王匡、王凤为平理诤讼，遂推为渠帅，众数百人。于是诸亡命马武、王常、成丹等往从之；共攻离乡聚，臧于绿林中，数月间至七八千人。"

［4］《后汉书·光武帝纪》："昆阳城小而坚，今假号者在宛，亟进大兵，彼必奔走；宛败，昆阳自服。"

［5］《后汉书·光武帝纪》："吾昔以虎牙将军围翟义，坐不生得，以见责让。今将百万之众，遇城而不能下，何谓邪？"

第十五章

长安落日

王莽之忧

地皇三年（22年）十月，王匡、廉丹不敌赤眉军，廉丹战死的消息传至长安。王莽下令，国将哀章前往山东支援太师王匡，大将军阳浚驻守敖仓（河南省成皋县粮仓），司徒王寻率领十余万大军屯兵洛阳南宫，大司马董忠于长安中军北垒调校士兵，教习射术。

在王莽进行一系列部署的同时，全国各地盗贼四起，许多城市沦陷，地方官员被害。王莽见王匡等人在山东屡屡失利，天下大乱，意识到事态紧迫，便在与大臣商议之后，派遣风俗大夫司国宪等人分别前往全国各地，解除井田、奴婢、山泽、六筦禁令，将即位以来颁布的这些不利于民生的诏令悉数收回。但司国宪等人还没来得及在出发前谒见王莽，就传来了南阳刘氏起兵的消息。

地皇四年（24年）正月，前线传来刘縯军斩杀前队

大夫甄阜、属正梁丘赐的消息。当初，长安官员听闻赤眉
军拥有数十万兵力，却无文书、号令、旗帜和标识时，都
觉得不可思议。有好事者私语："此岂如古三皇无文书号
谥邪？"王莽也暗自奇怪，询问群臣，群臣无言以对，只
有严尤回答说："此不足怪也。自黄帝、汤、武行师，必
待部曲、旌旗、号令。今此无有者，直饥寒群盗，犬羊相
聚，不知为之耳。"王莽闻之大悦。然而就在这时，刘縯
起兵，自称将军，攻城略地，斩太守甄阜，并发布文书，
昭告天下，令王莽忧心忡忡。

　　地皇四年三月，刘玄称帝，年号更始，任命百官。王
莽收到这一消息之后更加害怕，为了掩饰心中的不安，不
仅自染须发，还从此前选入官内的淑女中选出杜陵史氏之
女立为皇后。并以三万斤黄金、数以万计的车马、奴婢、
丝绸和珠宝作为聘礼。皇后的父亲史谌被封为和平侯、宁
始将军，史谌的两个儿子则被任命为侍中。其后，王莽大
赦天下。南阳刘氏一党和南北反叛异族首领不但在大赦范
围之外，王莽还以上公之位、食邑万户、宝货五千万对其
进行悬赏。接着，派遣七公干士隗嚣等七十二个人将诏令
晓谕全国。不料隗嚣等人借机逃亡，其中隗嚣于同年秋在
家乡反叛。

　　六月一日昆阳战败的消息震动了整个长安，于是人
心惶惶，盗贼并起。后来，南阳叛军散布王莽毒杀汉平帝
之说，并传到王莽耳中。王莽召集公卿以下官员至王路堂

（未央宫前殿），一边流着眼泪，一边打开为平帝请命时写下的金縢之策以示群臣。又命令山东方面用囚车押送几名俘虏入长安，并企图借俘虏之口，捏造刘伯升（刘縯）等叛军大肆屠杀的消息，然而群臣皆识破了王莽的谎言。

七月，卫将军王涉、大司马董忠、国师刘歆等王莽心腹密谋胁迫王莽向南阳天子投降的计划败露。刘歆虽然最初并没有响应王涉的提议，但他三个孩子都死于王莽之手，本来就心存芥蒂，再加上局势紧迫，便加入王涉、董忠二人参与谋划。不过，起事的计划在刘歆"当待太白星（金星）出，乃可"的建议之下被暂时推迟。不久，计划败露，刘歆与王涉被捕后自杀，董忠在途中欲拔剑自刎，被黄门斩杀。王莽命令虎贲用斩马剑（译者注：即后世的尚方宝剑）把董忠的尸首剁碎，装入竹器，并命人于宫中高声传话："反虏出。"董忠的宗族也受到牵连，被投入放有毒药、剑丛的坑穴中活埋。王涉和刘歆一个是王莽血亲，一个是王莽旧臣，王莽唯恐引起内乱，便隐瞒了二人的死讯。

在这个外忧内患之时，王莽能依靠的只有王邑。他传谕王邑，称打算让其继承帝位。在昆阳战败的王邑回到长安，被任命为大司马，上述谋反三人的职位则由崔发等人填补。王莽虽然采取上述措施，重新进行了部署，但实际上到了愁闷不思食的地步，整日以鳆鱼（即鲍鱼）佐酒，大行厌胜之术，聊以忘忧。

长安沦陷

　　地皇四年六月，汉军在昆阳之战中取得胜利之后，更始帝刘玄入主宛城并定都于此，接着把南阳刘氏以及诸位将领封为列侯。刘縯素有威名，并在豪族中颇有名望。更始帝对其十分忌惮，便与新市兵、平林兵诸将合谋将其杀害。刘縯大司马一职由刘赐（刘秀的族兄）继任。其间，前钟武侯的刘望（《王莽传》记载为"刘圣"）起兵占领汝南郡，在昆阳之战中战败的严尤、陈茂前去归顺。八月，刘望自立为天子，任命严尤为大司马，陈茂为丞相。十月，更始帝派出奋威大将军刘信，于汝南将刘望、严尤和陈茂击杀。

　　另一方面，王莽于八月派遣太师王匡与国将哀章守卫洛阳。而更始帝则派出定国上公王匡（与王莽太师同名）攻之，还派出西屏大将军申屠建与丞相司直李松（与李通同族）进攻关中门户之一武关（今陕西省商洛市一带），于是三辅震动。

　　而在此前，天水郡成纪县（甘肃省通渭县东）隗崔兄弟于七月起兵，以隗崔兄长之子隗嚣为大将军，击杀雍州牧陈庆与安定郡卒正王旬，收编二人兵众，随后向各郡县发送文书，细数王莽罪行，其中就包括毒害汉平帝一条。

　　王莽因此更加忧虑，但却束手无策。这时崔发进言：

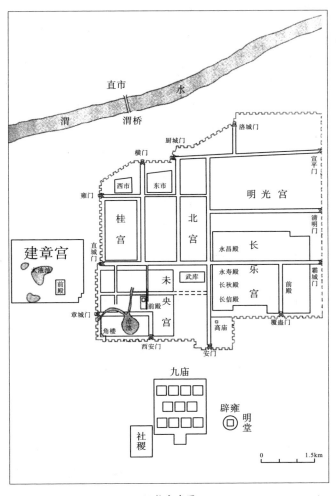

汉长安城图

"《周礼》及《春秋左氏》，国有大灾，则哭以厌之。故《易》称：'先号啕而后笑'。宜呼嗟告天以求救。"于是王莽率群臣至南郊，陈述受符命经过，仰天道："皇天既命授臣莽，何不殄灭众贼？即令臣莽非是，愿下雷霆诛臣莽！"并捶胸而泣，在耗尽力气后伏地叩头。另外王莽还写了一篇千余字的告天策，陈述自己的功劳。接着，聚集诸生百姓，提供粥食，令他们每天早晚聚在一处大哭，并将哭得特别伤心的人、可以背诵告天策全文的人任命为郎官。凭此当上郎官的人多达五千余人，均由蹾恽统领。

几乎在隗崔兄弟起兵的同时，南阳郡析县（河南省西峡县）的邓晔和于匡也在析县南乡起兵。邓晔自称辅汉左将军，于匡自称辅汉右将军。二人在攻下析县和丹水县之后，向武关发起进攻，都尉朱萌投降。接着，又攻下湖县（河南省灵宝市西）。作为对策，王莽任命九位将军，皆以"虎"为号，因此称"九虎"。九位将军率领数万名北军精兵向长安以东进发，至华阴县（今陕西省华阴市一带）回溪，在南北方摆兵布阵。当时，他们的妻儿作为人质，被王莽带入宫中。王莽吝惜钱财，尽管皇宫还储备有六十多万斤黄金以及大量钱财、丝绸以及珠宝，但却只赏赐九虎军将士每人四千钱。因此众人怨声载道，毫无斗志。于匡带领数千名弓箭手从正面发起进攻，邓晔则迂回到九虎军后方对发起突袭。六虎战败逃走，其中史熊和王况逃至未央宫正门请罪，并在王莽派来的使者的问责下自杀，其他四虎则不知流亡何处。剩余三虎纠集残兵余勇，驻守位于华阴县以北渭水河口的京师仓。

邓晔于武关迎更始帝的西征军入关。丞相司直李松率领两千多人至湖县，与邓晔军合力对京师仓发起进攻，但却没能攻下。邓晔任命前弘农郡掾史王宪为校尉，并命其带领数百人渡渭水，攻打左冯翊诸城。李松则派遣偏将军韩臣率兵走小路至新丰（今陕西省临潼县一带），与波水将军窦融军交战，窦融战败逃走。韩臣军紧追不舍，直至长门宫（位于长安东北的宫殿）。王宪军北至频阳县（陕西省蒲城县西），所过之处，无不归附。附近诸豪族皆率千人之众归顺王宪，并自称汉将。

攻打京师仓失败的李松和邓晔意识到，要攻克长安城必须与更始帝大军合力，于是至华阴县驻军，准备攻城器械。当时各路人马聚集长安城外，在听说天水隗氏大军将至之后，为了抢占军功，掠夺财物，都争先恐后，欲入长安。王莽派人赦免长安城内囚徒，发放武器，并命其杀猪饮血为盟："有不为新室者，社鬼记之！"但是，由宁始将军史谌率领的囚徒刚刚渡过渭桥，便全部四散而逃，史谌无功而返。聚集在长安城外的兵士们破坏王莽妻儿父祖坟墓，放火烧毁棺椁以及城南的九庙、明堂和辟雍。王莽倾其一生精力推行的"制礼作乐"成果就被这样付之一炬，大火把长安城映得通红。

悲惨结局

十月一日，汉军士兵从东北方的宣平门闯入长安城。民间把这座城门称为都门。张邯前往城门巡视时被汉兵所杀。王邑、王林、王巡、蹀恽等人分别带兵至未央宫北阙布防。七百余名欲斩获王莽、立功封侯的汉兵发起猛烈的进攻。到傍晚时，官署和宅邸皆人去屋空。

十月二日，无赖朱弟、张鱼等无赖子弟担心被汉兵抢劫，成群结伙，狂呼乱叫着火烧作室门（未央宫西北门），斧劈敬法闼（敬法殿的小门），喊道："反虏王莽，何不出降？"火势蔓延至后宫承明殿，也就是前平帝皇后黄皇室主的住处。王莽于未央宫宣室前殿避难，但大火随至，宫女妇人哭喊成一片。当时王莽身穿绀袀服，带玺绶，持虞帝短剑，按照天文郎以星盘占卜的吉时方位，面朝威斗（约二尺五寸的长柄铜杓，象征北斗）斗柄方向而坐曰："天生德于予，汉兵其如予何！"此时王莽因久不进食，有些虚弱。

三日天亮之后，王莽在群臣搀扶下走下未央宫殿前石阶，出西侧白虎门，坐上和新公王揖准备的马车，前往沧池渐台，打算据池阻敌，怀中仍抱着符命和威斗，有公卿、大夫、侍中、黄门郎等一千多人跟随。与此同时，在北阙（未央宫正门）御敌的王邑因日夜作战非常疲倦，且

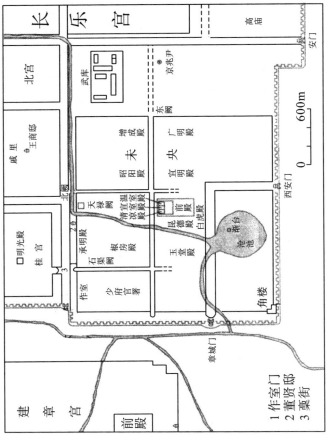

未央宫图

汉长安城西南角楼侧未央宫前殿遗址

部下几乎死伤殆尽，便骑马入宫，辗转来到渐台，刚好看
到儿子王睦正脱下衣冠准备逃走，便厉声喝止。于是父子
二人一起前去保护王莽。

终于，汉兵闯入宫殿，喊道："反虏王莽安在？"
有宫女走出房间答道："在渐台。"于是汉兵追至渐台，
将其团团围住。躲在渐台上的人以弓弩应战，箭尽又以短
兵相接。王邑父子、䞍恽、王巡等人战死，王莽则躲入内
室。

傍晚，汉兵登上渐台，王揖、赵博、苗䜣、唐尊、
王盛和中常侍王参等人均于台上战死。商人出身的杜吴杀
王莽，夺其绶。校尉东海公宾就曾担任大行治礼丞（大鸿
胪属官，负责接待外宾、诸侯、使臣等），认出是天子之
绶，便问杜吴绶主何在。杜吴答道："室中西北陬间。"
公宾就找到王莽的尸体，砍下首级。数十名汉兵争先恐后

将王莽分尸，其四肢、关节、皮肤、骨肉四分五裂。王莽六十八年的人生就以这样的悲惨结局落幕。

公宾就将王莽的首级交与王宪。六日，李松和邓晔入长安，将军赵萌和申屠建也先后抵达。王宪因没有及时上交王莽玺绶、挟持宫女、使用天子鼓旗等罪名，被处以斩刑。王莽的首级被送至南阳更始帝处，挂于宛城市中，百姓以物击之，甚至还有人切食其舌。

长安落日

根据《王莽传下》记载，王莽惨死之后，"郡县皆举城降，天下悉归汉"。太师王匡和国将哀章在洛阳投降，后被押送到宛城处死。而严尤和陈茂则如上文所述，在拥立刘望为帝之后，被更始帝大军击败并处死。

王莽第二个皇后史氏的父亲史谌、王延、王林等人在王莽死后投降，但均被处死。王莽朝后期的关键人物崔发是长安平定军将军申屠建的《诗经》老师，在申屠建抵达长安后对其投降，但不久之后因妄言符命，拒绝归顺汉室。于是在申屠建的命令下，丞相刘赐将其处死，以儆效尤。申屠建散布言论，称三辅官民狡诈，合力弑君（王莽）。三辅官民惶恐不安，属县集结兵力，发起抵抗。申屠建无法攻克，便向更始帝汇报。

更始二年（24年）二月，更始帝抵达长安，大赦天下，宣布除王莽子孙，一概不予问罪。王氏幸免于灭族，三辅地区也因此恢复稳定。接着，更始帝定都长安，入主长乐宫。长安府库完好，只有未央宫在长安攻防战的三日里被烧成灰烬。百姓们的不安得到缓解，逐渐恢复了原有的生活。

然而，更始帝入主长安以来的一年多里，政治异常混乱，于是更始三年（25年）六月，刘秀（光武帝）于鄗县（河北省柏乡县一带）称帝，改年号为建武。同年夏，樊崇等人率领赤眉军入关中，拥立刘盆子为皇帝，攻陷长安，更始帝投降后被杀。赤眉军大肆掠夺粮食和金银财宝，放火焚毁城内宫殿、市场及街道后离开长安西去。长安城内发生饥荒，甚至出现同类相食的惨象，据史料记载，死者多达数十万人。建武二年（26年）九月，赤眉军重返长安，长安城内的幸存者合力防守，赤眉军掠夺无所得，于同年十二月返回故乡山东。而他们身后的长安城，已成了一片人迹罕至的废墟。

长安位于周朝以来的政治文化中心关中地区，作为西汉王朝的首都，繁荣二百年。其后，东汉迁都洛阳，直至隋唐时期，长安才迎来第二次繁荣。长安没落究竟是王莽人为造成的结果，还是时代变迁与社会发展的必然趋势？

班固对王莽的评价

对于王莽为人及其政权的研究来说，班固的《汉书》
具有独一无二的史料价值，在《汉书·王莽传·赞》中，
可以看到班固对王莽的总体评价。《王莽传》以"本纪"
的体例，记载与其有关的政治事件，收录其颁布的诏令，
可以说是班固基于当时的史料，对王莽生平进行的客观叙
述。当然，历史叙述不可避免地会带有作者的主观情绪，
也容易产生偏见。同时，在看到《王莽传》中随处可见的
王莽批判时，也需要意识到《汉书》是在东汉皇帝的干预
下编写而成的。尽管如此，其内容仍可以反映班固自身对
王莽其人的解读和评价，或者可以说，《王莽传》是一篇
以班固对王莽的人物评价为中心的史料集成。因此，在研
究王莽时，无论如何都要一读《王莽传·赞》。

《王莽传·赞》开篇曰："王莽始起外戚，折节力
行，以要名誉，宗族称孝，师友归仁。及其居位辅政，

成、哀之际，勤劳国家，直道而行，动见称述。"这好像
是在说王莽早期的政治活动有值得称述之处，但接着话锋
一转："岂所谓'在家必闻，在国必闻'，'色取仁而行
违'者邪？"（《汉书·王莽传下》）班固言及孔子的闻
达之辨（均出自《论语·颜渊》），指出王莽的正直只是
表面功夫，实乃不仁之人。

又云："莽既不仁而有佞邪之材，又乘四父历世之
权，遭汉中微，国统三绝，而太后寿考为之宗主，故得肆
其奸慝，以成篡盗之祸。推是言之，亦天时，非人力之致
矣。"（《汉书·王莽传下》）班固认为，导致篡国之祸
的不仅是王莽性格中的"不仁"和"佞邪"，诸多偶然因
素相辅相成，发挥巨大作用，才使其篡国得以成功。

接着，班固又指出王莽自以为是地把自己当作黄帝、
尧舜再世，执政期间导致"毒流诸夏"，百姓"丧其乐生
之心"，自古以来典籍所载"乱臣贼子无道之人"之中，
没有人比王莽带来的灾祸更多、造成的后果更坏。[1]最后
班固进行总结："昔秦燔《诗》、《书》以立私议，莽诵
《六艺》（儒家经典）以文奸言，同归殊途，俱用灭亡，
皆炕龙绝气（无德而居高位），非命之运，紫色（间色）
蛙声（邪音），余分闰位（不得正王之命），圣王（光武
帝）之驱除云尔！"（《汉书·王莽传下》）

由此可见，在《王莽传·赞》中，班固对王莽的人
格及其政权持完全否定和批判的态度。班固将王莽、秦始

皇二者等同视之，将二人视为无德之君进行谴责。在描述
王莽容貌气质时，班固借他人之口："或问以莽形貌，待
诏曰：'鸱目，虎吻，豺狼之声。'"[2]（译者注：参
见《王莽传中》）无独有偶，这段内容与《史记》介绍秦
始皇相貌的描写非常相似（译者注：《史记·秦始皇本
纪》："缭曰：'秦王为人，蜂准，长目，挚鸟膺，豺
声'"）。

　　总之，在阅读《汉书·王莽传》时，不仅需要注意解
读方法，还应该记住，在班固所处时代，对王莽的否定和
批判是极其合理的。

王莽其人

　　《王莽传中》中还有另一段对王莽外貌的描述："侈
口蹷颔（嘴大颚短），露眼赤精（突眼红瞳），大声而
嘶。长七尺五寸（约173厘米），好厚履高冠，以氂装
衣，反膺高视，瞰临左右。"从这段描述来看，王莽绝不
是一个美男子或伟丈夫，喜欢传穿厚靴或许是因为其对身
高的不自信，这些对相貌的描写也透露出当时人们对王莽
的厌恶。自卑的人为掌握政权，要如何面对内心的矛盾，
找到克服的方法？在成功掌权之后，其心理历程又会对行
为产生怎样的影响？在探讨这些历史心理学研究领域的问
题时，王莽或许是一个很有意义的研究个例。

　　以下是王斐烈在《新莽革政与失败之原理》中对王莽性格特质进行的分析："超胜（ascendance）的特质。王莽是具有超胜特质而非屈从（submission）的人。凡有此特质者，常易视己为主而想支配他人。……内向（introversion）之特质。……王莽无疑是内向特质很强的。……与内向特质有密切关系者，即张扬性（expansion）是。……内向性之极端即趋向于此。由幻想加张扬，乃成妄想狂，由超胜加内向而入于张扬，乃成自大狂（megalomania）。王莽之富于幻想可谓与晚年之妄想狂有关，即真后不能受谏，一意孤行，成一种自大狂之状态……总之，莽之自我表现是超胜和内向两特质强大，而洞识力极微弱。洞识（insight）者，能对自己一切作公平之客观考察……此特质与内向常不并立……"

　　王斐烈的研究让笔者产生以下思考。越是理想坚定的人，越会在掌权后过度敌视异见人士并对之进行打压。这是因为，他们作为某种理念的信徒，在内心深处坚信自己的信仰即是善，反之即是恶。这导致其无法辩证客观地看待事物（即王斐烈所说的"洞察力"），久而久之形成一种习性。王莽的政治生涯虽不一帆风顺，但都是一时的挫折，加之有元后庇护，因此不仅没有致命失误，还取得了一定的政绩和拥戴。正是这种经历，让王莽自以为是地认为其理念受到了人们的支持。同时，想要在权力的世界站稳脚跟的人在面对反对者时，会本能地抱持你死我亡的执念和恐惧。

通过前面章节不难看出，王莽对"名"极其敏感。不知这是一种相信"名"中有灵的咒术信仰，还是对孔子之言——"必也正名乎（《论语·子路》）"的实践。除此之外，更改各种名称应该也是为了与汉朝传统进行切割。

从宗教信仰的角度来看，王莽确实对鬼神心存畏惧。这一性格特点不仅在吕宽事件中被臣子提及，也在畏惧高祖之灵一事中得以体现。同时，畏惧鬼神与相信符命二者之间也有相通之处。在现代人眼中，敬畏上天、以符瑞证明天命的存在是难以置信的。甚至会被理解为一种欺骗民众的政治手段。但笔者认为，王莽对此深信不疑。据说王莽与秦始皇、汉武帝一样期盼长生不老，还曾与方士进行方药实验。

根据《王莽传中》记载，翟义乱党王孙庆于天凤三年（16年）——发生叛乱九年之后被捕，王莽命令太医等人将其解剖。这是一次活体解剖，据说是为了观察五脏形态，调查血脉走向，从而治病救人。以王莽的性格，想必对王孙庆恨之入骨。不过，翟义之乱虽然让王莽心惊胆战，但毕竟已是九年前的往事。因此，对于王莽来说，与其处以极刑，杀一儆百，不如用于医疗实验，治病救人。关于"尚方"一职、铜制人体模型和收录于《黄帝内经》的解剖记录等，参照山田庆儿《中国医学的起源》。

总的来说，王莽的政治手段和政策制定的特征是重视形式和形式先行，因此有人称其脱离现实。这一特征应与其重礼思想有很大关系。正如孔子所言："礼云礼云，玉帛云乎哉！"[3]（《论语·阳货》）礼制形式主义陷阱需要时刻警惕，而王莽的理想正是在全国推行儒家礼制，所以才更容易拘泥于形式。形式主义的"礼"也有可能催生严苛的"法"。王莽在推行政策时，虽然以儒家礼制为本，但为了实现目的，不得不增设大量"法律"、"科条"。在执法过程中，他对家人和心腹毫不留情，这一点应该也与其重视形式的性格有很大关系。

王莽作为一名政治家，自青年时期始，便立志于政治改革。他心思细密，在稳固自己的政治地位的基础上，进而成功掌握政权。不得不承认，王莽具有普通政治家所无法比拟的卓越才能。即使在称帝之后，他仍锐意进取，专注改革，为实现礼制国家而不懈努力。从这个意义上来说，王莽是一名具有理想主义人格的政治家。然而，古今中外无数事例告诉我们，政治家越执着于理想的追求和实现，就越容易走上独断专行的道路。对他人意见充耳不闻、自以为是、疑神疑鬼等手握重权者的弊病也出现在了王莽身上。

对儒家圣世的追求

本书曾经多次提到，王莽的心愿是效仿周公，完成

"制礼作乐"的大业。周朝的礼乐制度为孔子所称道，并以儒家经典为载体世代传承。王莽的目标是让儒家思想在国家的诸多制度中得以体现，正因如此，他才在掌握实权之后，于元始年间大力改革，完善礼制。王莽政治活动的动机是否纯粹，则是个见仁见智的问题。但无论如何，我们都无法否认王莽在儒家思想的制度化方面所做出的巨大成绩。

与王莽推进的儒家思想制度化密切相关的是"儒学的国教化"。比较传统的说法是，汉武帝设立太学和五经博士，确立儒学的国教化。一部分日本高中的世界史教科书也采用这一观点。不过，有学者指出，与其说武帝朝的文化教育政策确立了"儒学的国教化"，不如说实现了"儒学官学化"。这个观点逐渐被人们接受，于是另一个问题便浮出水面："儒教国教化"于何时确立？关于这一问题，现在主要有两种观点：西嶋定生认为确立于新莽，而板野长八则认为确立于东汉光武帝朝。

西嶋定生认为，王莽废除郡国庙，改革郊祀制度，完善新莽国家祭祀、仪礼制度，采用谶纬之说等一系列举措，确立了儒学的国教化（西嶋定生《秦汉帝国》）。而板野长八则认为，汉武帝时期的儒家学说尚未对君主起到约束作用。这是因为君主身份具有某种超自然神秘主义属性，儒家为了约束君主，必须把探讨为人之道的人伦主义孔教转化为具有超自然神秘主义属性的教派。于是西汉中后期的儒家学说就加入了一些超自然神秘主义要素，即谶纬说。儒家假托孔子制造纬书，提出谶纬之学，将利用图谶称帝的光武帝视为遵循儒家教说的君主，从而把君主身份纳入儒家范畴之中。这就是儒教的确立过程，即儒学的国教化（板野长八《儒教成立史的研究》）。

在思考新莽时期儒教的确立和国教化问题时，会出现这样一个单纯的疑问：王莽为何如此执着地依据儒家学说，对国家制度进行改革和完善？对于这一问题，笔者有一些浅见，现陈述如下：

匈奴单于囊知牙斯来朝，提出把名字改为"知"。其奏文中有"慕从圣制"一句，《匈奴传》作"窃乐太平圣制"。《汉书》中有很多带有"圣"字的词语，如"圣德"、"圣人"等等。因此"圣制"一词不足为奇。不过，纵观全书可以发现，"圣制"一词在成帝朝至王莽朝期间频繁出现。就笔者管见所及，在《汉书》中，"圣世"一词仅有一例，出自《陈汤传》中一则哀帝朝的奏书。提起哀帝朝，笔者联想到哀帝采纳夏贺良等人的建议，自称"陈圣刘太平皇帝"一事。另外，与西王母信仰有关的骚乱也发生于哀帝朝，而且王莽还把圣女元后比作西王母。

上述这些事例使笔者有了一个直观感受：在汉朝濒临灭亡之际，王莽及其身边的官员乃至平民百姓都渴望社会得到净化与圣化。在王莽的青年时期，社会问题和自然灾害频频发生，奢靡腐败、违法乱纪的风气在皇帝和王氏一族等外戚高官之间蔓延。王莽心中会产生改革意识，应该与当时社会世风日下、人心不古不无关系。笔者认为，以古代圣人制定的圣制净化现世，应该就是王莽依据儒家学说"制礼作乐"的本意，而"制礼作乐"的终极目标自然就是仿照"井田圣制"实行王田制。另外，国号"新"通常被认为取自"新都侯"。但如果结合上述观点进行思考的话，王莽以"新"为国号，是否也取其"革新"、"一新"之意？

秦持"制礼作乐"精神的王莽在完善仪礼方面做出很多贡献。东汉王朝继承其依据儒家学说创立的诸多国家仪礼，于是后世各代王朝的礼教国家的形态逐渐完备。换句话说，如果说东汉王朝是中国各代王朝礼教国家形态的原型，那么王莽政权则是导致这一原型出现的诱因。

王莽政权研究

李鼎芳的《王莽》在整理中国学者对王莽政权及其历史意义的评价的基础上，提出以下观点：王莽一边联合大地主、大商人形成豪强势力，一边"巧言令色"骗取中小地主以及人民的同情，最终取得政权。虽然王莽在主观上并非没有缓和阶级矛盾、加强自身统治的意图，但其制

度改革完全背离社会发展原则，因此反而加重了人民的苦
难。王莽追求的只是自身及其利益集团的利益，因此，不
能将其视为代表中小地主阶级利益的改良主义者。

　　李鼎芳观点中的"大地主"与"中小地主"的阶级
差异、各阶级与王莽政权的关系是非常关键的问题。这
在李鼎芳所整理的诸家观点中也有体现。另外，也有学
者将汉朝的诸侯王、列侯与西周封建制度之下的"领
主"（王莽政权根据周朝五等爵位制度设立的公侯伯子
男领主阶级）相提并论，将无爵位的大土地所有者视为
"地主"，认为王莽是"领主"阶级与"地主"阶级的斗
争中前者的救命稻草。

　　孟祥才在他的《王莽传》中指出，从政治、经济的
角度来看，构成王莽政权主体的是豪族地主阶级。这是因
为，被豪族地主所占有的大量土地是该政权存立的经济基
础。王莽自身虽然也是豪族地主中的一员，但其在即位之
后实施的政策，都立足于封建国家立场，因此有时难免会
触动豪族地主的利益。孟祥才还称这种现象在历史上很常
见，不足以证明王莽是豪族地主阶级的敌人。孟、李似乎
持相同观点。

　　不过，"豪族地主"这一概念的具体含义在日本的王
莽政权研究中，针对其与地主阶级的关联展开讨论的是重
泽俊郎。他认为，推崇古文经学的势力就是对抗西汉官方
意识形态公羊学派、组建东汉政权的中地主阶级，该势力

首先支持王莽成功推翻西汉政权。在王莽过于拘泥古文经学文献，强行实施与中地主阶级利益相冲突的土地政策，导致二者矛盾加深之后，该势力放弃王莽政权，转而寄希望于东汉政权。重泽俊郎指出，"该势力的计算和底线"即"相信推翻西汉刘氏政权会换来古文经学权威地位的确立与稳定，同时认为在建立能够代表中地主阶级利益的全新刘氏王朝之前，支持（王莽政权）不过是过渡时期的权宜之计"。

　　重泽俊郎以今古文经学的对立关系为中心展开论述，因此有忽视王莽立场、王莽政权性质的倾向。笔者认为，应该跳出今古文经学之争的框架，对王莽政权进行解读。也就是说，首先应该考虑的问题是，王莽试图把西汉王朝改造为怎样的政权。仅从与古文经学学派（中地主阶级）的合作这一视角对王莽的意图进行解读并不妥当。之所以这么说，是因为王莽在推崇古文经学的同时，还采用了今文经学。刘歆后来对王莽的背叛虽然似乎可以印证重泽俊郎的观点，但毕竟王莽的思想中也存在其特有的意向性。因此，在判断其政权性质的讨论时，有必要关注刘歆和王莽二人思想上的背离。

　　河地重造的见解有别于以上诸家。他认为，王莽政权的目标是"以皇帝为中心建立秩序稳定的统一国家，以官僚强化国家统治，维持并重组皇帝与人民之间的支配与保护关系"。王莽不是要依据《周礼》推行"复古政治"，而是，标榜《周礼》中的专制君主体制理念，以应对现实危机而已。王莽推行的诸多政策均以建立一元化君主政治为目标。比如，在以往的财政制度中，国家财政与皇室财政分离，山泽税充当皇室财政收入，由少府管辖；在王莽改革之后，山泽税被纳入国家财政收入，由郡县管辖。由此可见，王莽政权脱离西汉的二元化国家体制，实现了向一元化君主政治体制的"制度性"转变。

上述内容是河地重造对王莽政权的基本观点。他还指出，豪族势力的扩张说明皇帝统治的基础——由小农组成的乡里共同体在汉朝社会发展中逐渐被豪族支配，于是皇帝对人民的统治（以编户齐民制进行管理）出现危机。王莽政权正诞生于这一过程之中，因此试图以更加纯粹的形式实现编户齐民制的新莽时期，其实是编户齐民制完成蜕变，豪族支配的共同体成为国家主体的东汉体制成立之前的过渡期。

笔者认为，河地重造的观点目前最具有说服力。本书在王莽政权研究方面着墨不多，这是因为本书的目的是在把握西汉末期中国社会真实情况的同时，着重勾勒出渴望实现圣世的王莽——一个如同儒家理念化身般的人物的一生。关于王莽政权这一问题，仍需进行更加深入的探讨，想必在这一过程中，对王莽这一人物的评价也会因视角的转变而再次发生变化。

译者注：

［1］《汉书·王莽传下》："……而莽晏然自以黄、虞复出也。……是以四海之内，嚣然丧其乐生之心，……自书传所载乱臣贼子无道之人，考其祸败，未有如莽之甚者也。"

［2］眼睛像鹰，嘴唇像虎，声音像豺狼。鸱目虎吻现今也用来形容相貌凶恶。

［3］大意：礼并不在于敬献玉帛的表现形式。

王莽没有帝号。秦始皇因秦二世即位，得到了始皇帝谥号，而汉朝也有高祖、武帝、宣帝等称谓，但王莽却没有获得相应的称号。因此，虽然想称他为"新某帝"，但最终也只能写作"王莽"。王莽也没有帝陵。不仅没有帝陵，西安附近甚至没有王莽的坟墓。2008年8月，我曾前往西安周边地区调查历史遗迹。在穿梭于西汉诸帝帝陵之间的巴士里，我怀着王莽墓会不会存在于中国某地的期待，向担任向导的咸阳市文物管理委员会办公室的马先登主任问道："没有王莽墓吗？"但马主任不假思索地回答："没有！"也许我的问题不够准确，但可以肯定的是，至少西安周边地区没有王莽墓。当时，一种对王莽的同情油然而生。

很久之前，我就对王莽很感兴趣。大约在十年前，打算认真写一篇有关王莽的论文，于是一有空就阅读《王莽传》，制作年表，摘录《汉书》、《后汉书》及其他史料中的相关内容。之所以会产生这种想法，一是因为当时手头的东汉史研究马上就要告一段落，二是早年负责"社会科教育法（社会学科教育方法论）"课程时，在"人物学习论（一种通过历史人物学习历史的方法论）"方面产生过一些疑问和想法，急于进行验证。

我的疑问是，为何怀有理想、积极推进合作运动的人，会在政治环境变得适于实现理想时，立刻抛弃合作运动的精神？为何他们之中某些人在掌权后，昔日的战友被赶尽杀绝，政治或社会现状距理想相去甚远？另外，当时"人物学习论"面临一个二选一的选择题，即"人物还是民众？"伟人或英雄这些历史人物最初都是无名民众中的一员，他们挑战时代赋予的课题，通过洞察时代状况，成为可以替沉默的民众表达"民意"的领导人，并逐渐被民众赋予英雄或伟人的评价（当然也有摒弃"民意"的独裁者），这就是一个历史人物形成的过程。因此，我曾提出一个建议：在制定历史教育方案或大纲时，如果放弃二选一的选择题，在把握当时人民生活中产生的"民意"的基础上，围绕历史人物制定教学计划，或许将可以扩展学生的视野，使之关注民众的世界。选择一名中国古代历史人物，对上述疑问和建议进行具体的思考，也是决定撰写王莽论的原因之一。

　　然而，由于工作繁忙，迟迟未能动笔。前年秋天，我偶遇明治大学的气贺泽保规教授。当时气贺泽教授对我说："有没有兴趣写一本古代史人物传记？比如光武帝传。"我马上回答："对光武帝没什么兴趣，如果是王莽的话，愿意一试。"于是气贺泽教授就把我推荐给了白帝社的伊佐顺子女史。大概在去年三月份左右，收到伊佐女史的联络，撰写王莽传记一事提上日程。自那以后，给伊佐女史添了很多麻烦。在此向帮助笔者实现多年心愿的二位表示由衷的感谢。

　　日本一直以来都没有一本真正的王莽传，这也说明这份工作相当艰巨。在着手之后，我更体会到其困难之处。这是因为，撰写王莽传必须精通汉史。我自不量力地接受了这份工作，在撰写当中时常有一种螳臂当车的无力感。虽然在有限的时间中已尽全力，但仍不确定书中的王莽是否有血有肉。不知道他是不是正在天上得意地微笑着："啊哈，写得倒是挺努力的，不过好像哪里不太对。"在史实解读、论证的合理性等方面，望读者诸贤批评指正。

　　本书引用、参照了诸多学者的研究成果。除了一览中的文献之外，还有很多研究使我获益颇丰。东北大学的山田胜芳教授、名古屋大学的江村治树教授曾就有关资料不吝赐教。在此向二位教授和诸位学者表示由衷的感谢。

　　最后还想提及一件私事。就在即将完稿之际，家母東やす去世，享年九十三岁。在执笔过程中，我一直想

象着亲手把这本书送给家母的情景。如今，书成而家母却
已不在，令人怅惋不已。最后，谨以此书，纪念生我、养
我、教我、育我、安慰我、守护我的母亲。

　　　　　　　　　　　　　　　　　　2003年5月31日

　　　　　　　　　　　　　　　　　　于伊势湾研究室

对于王莽其人的评价暂且不论，针对王莽的一系列政治改革，日本的中国古代史研究领域近年来倾向于在汉代史中对之客观地重新定位。这是因为没有像西汉史那样得到重视的东汉史研究近年来得以推进，两汉更迭的历史意义随之成为一个重要的问题，于是存在于两汉之交、在政治经济等方面进行短暂却重要的改革的王莽政权，对其历史定位问题也逐渐受到学者们的关注。另一个原因，则是思想史取代以往的社会经济史，成为一个热门研究领域，因此王莽的以儒学为根本的政治理念也成为人们关注的焦点。

在本书中，笔者在引用《汉书》史料的同时，尽可能对王莽其人及其政治生涯进行客观的叙述，试图为读者提供一些材料，以便对"王莽究竟是不是一个大逆不道的篡权者"这一问题做出

自己的判断。本书的王莽观也许会让人觉得笔者过于美化
王莽，甚至会招来一些批评。不过，笔者认为，如果能够
辩证地看待对王莽的负面评价，除了本书中的正面评价之
外，还会产生更加中立客观的评价。

解读一个人，评价一个历史人物并非易事。史料越
少，评价者就越容易受到主观因素的影响。因此，我们需
要在汉代的历史中思考王莽这个人物，思考他如何把握时
代课题，又尝试如何应对。如此，便自然而然地知道应该
如何评价王莽。大抵而言，学习历史的意义之一，便是把
握对历史人物产生重要影响的时代与社会构造，并理解历
史人物在这种影响下如何努力活得更好。

王莽所处的时代，是一个大土地所有制不断发展、
自然灾害频繁发生从而导致农民阶级没落、民众叛乱等社
会危机接踵而至的时代，同时也是一个社会上层的皇帝、
王氏一族等外戚乃至高官的穷奢极欲、违法乱纪等行为愈
演愈烈的时代。王莽心中的改革意识，毫无疑问受到了当
时世风日下、人心不古的社会现状的影响。在这种时代背
景下，王莽和以其为中心的官僚乃至民众，在直面汉王朝
即将土崩瓦解的危机时，心中应该都会期待社会得到净
化，或者说圣化。而通过古代圣贤制定的圣制净化这个时
代，难道不正是王莽试图依据儒家学说完成"制礼作乐"
这一心愿背后的真实意图吗？而"制礼作乐"的终极目标
当然就是实现以"井田制"为原型的王田制。除此之外，

通常被认为取自"新都侯"的国号"新",难道不能理解为王莽企图一新、刷新之"新"吗?

　　王莽本着"制礼作乐"的精神,为国家诸仪礼的完善做出了很大贡献。东汉王朝继承了其依据儒家学说创立的国家仪礼,而后世王朝也逐渐具备了儒教国家的形态。换句话说,东汉王朝是中国诸王朝儒教国家形态的原型,而新莽则是导致这一原型出现的诱因。王莽在历史中的重要意义,由此亦可见一斑。

　　最后,笔者想指出,新莽并非全无存续的可能性。如果王莽不受其儒学、特别是公羊学夷狄观之影响,在外交时不蔑视匈奴而延续和亲政策的话,那么就没有必要远征匈奴,匈奴就不会成为其政权的绊脚石,社会混乱就不会一发不可收拾。如此,在王莽死后,即便王田制等经济政策无法持续,至少新朝有可能得以存续。当然,历史没有"如果"。但在客观地观察王莽政权的发展情况之后,很难不浮想联翩。

　　这次拙作得以呈现给中国读者,笔者感到非常幸运。在此向为本书出版付出汗水和心血的翻译人员、出版社的工作人员致以由衷的感谢。

　　　　　　　　　　　　　　　　　　　东　晋次　谨识
　　　　　　　　　　　　　　　　　　　2021年10月10日

板野长八《儒教成立史的研究》（《儒教成立史の研究》，岩波書店，1995年）

宇都宫清吉《汉代社会经济史研究》（《漢代社会経済史研究》，弘文堂，1955年）

金子修一《古代中国与皇帝祭祀》（《古代中国と皇帝祭祀》，汲古書院，2001年）

狩野直祯、西胁常记《汉书郊祀志》（《漢書郊祀志》，平凡社東洋文庫，1987年）

河地重造《王莽政权的出现》（《王莽政権の出現》，收录于《岩波講座世界歴史4・古代4・東アジア世界の形成》，岩波書店，1970年）

串田久治《中国古代的"谣"与"预言"》（《中国古代の"謡"と"予言"》，創文社，1999年）

栗原朋信《文献中出现的秦汉玺印的研究》（《文献にあらわれたる秦漢璽印の研究》，收录于《秦漢史の研究》吉川弘文館，1960年）

小南一郎《西王母与七夕传说》（《西王母と七夕伝承》，平凡社，1991年）

佐藤武敏《中国灾害史年表》（《中国災害史年表》，国書刊行会，1993年）

重泽俊郎《中国的传统与现代》（《中国の伝統と現代》，日中出版，1977年）

西嶋定生《秦汉帝国》（《秦漢帝国》，講談社学術文庫，1997年）

西嶋定生《汉代的即位仪礼》（《漢代における即位儀礼》，收录于《中国古代国家と東アジア世界》，東京大学出版会，1983年）

桥本万平《计量的文化史》（《計測の文化史》，朝日選書，1982年）

日原利国 《春秋公羊传研究》（《春秋公羊伝の研究》，創文社，1976年）

东　晋次《东汉时期的政治与社会》（《後漢時代の政治と社会》，名古屋大学出版会，1995年）

藤川正数《汉代礼学研究（增订版）》〔《漢代における礼学の研究》（増訂版），風間書房，1985年〕

堀　敏一《均田制研究》（《均田制の研究》，岩波書店，1975年）

宫川尚志《六朝史研究 政治・社会篇》（《六朝史研究 政治・社会篇》，日本学術振興会，1956年）

宫崎市定《中国思想的特质》（《中国思想の特質》，收录于《宫崎市定全集》第十七卷，岩波書店，1993年）

安居香山《纬书与中国的神秘思想》（《緯書と中国の神秘思想》，平河出版社，1988年）

山田胜芳《货币的中国古代史》（《貨幣の中国古代史》，朝日選書，2000年）

山田胜芳《王莽朝的财政》（《王莽代の財政》，《集刊東洋学》第三十三号，1975年）

山田庆儿《中国医学的起源》（《中国医学の起源》，岩波書店，1999年）

吉田虎雄《王莽的社会政策》（《王莽の社会政策》，刊于《東亞経済研究》第四卷第一号，1920年）

吉川幸次郎《论语》（《論語》，中国古典選上下，朝日新聞社，1965、66年）

吉川忠夫《颜师古的〈汉书〉注》（《顔師古の〈漢書〉注》，收录于《六朝精神史研究》，同朋舍，1984年）

王利器《〈汉书〉材料来原考》（刊于《文史》第二十一辑，1983年）

王斐烈《新莽革政与失败之原理》（刊于《中德学志》第六卷第一、二期，1944年）

胡适《王莽》（收录于《胡适文存》第二集，1922年）《再论王莽》（收录于《胡适文存》第三集，1928年）

谭其骧《新莽职方考》（收录于《二十五史补编》）

孟祥才《王莽传》（天津人民出版社，1982年）

李鼎芳《王莽》（上海人民出版社，1957年）

劳榦《两汉郡国面积之估计以及人口数量增减之推测》（收录于《劳榦学術論文集》上册，芸文印書館，1976年）

O. Franke, "Staatssozialistische Versuche im alten und mittelarterlichen China"（Berlin，1931年）：内田直作译、弗兰克著《古代及中世支那国家统制经济尝试（一）（二）》（《支那研究》第三十、三十一号，1933年）

　　宇野精一《王莽与周礼》（《王莽と周礼》，《東方学報》東京第十一册，1940年）

　　影山刚《王莽酒专卖制与六筦制》（《王莽の酒の専売制と六筦制》，私家版，1990年）

　　影山刚《王莽赊贷法与六筦制及其经济史背景》（《王莽赊貸法と六筦制およびその経済史的背景》，私家版，1955年）

　　狩野直祯《王莽的出身》（《王莽の出自》，《聖心女子大学論叢》第二十八集，1966年）

　　狩野直祯《从霍光到王莽（一）（二）》（《霍光から王莽へ（一）（二）》，《聖心女子大学論叢》第三十、三十一、三十二集，1967、69年）

　　栗原朋信《王莽》（收录于《筑摩世界の歴史3 東アジア文明の形成》，筑摩書房，1960年）

　　桑田六郎《王莽的土地改革》（《王莽の土地改革について》，《東洋研究》第十三号，1966年）

富田健之《西汉后期尚书体制的发展及其有关问题——中书宦官、三公制形成、王莽政权》（《前漢後期における尚書体制の展開とそれをめぐる諸問題—中書宦官・三公制形成・王莽政権—》，《東アジア——歴史の文化》第七号，1998年）

西村元佑《汉朝的限田制、王田制与大土地所有问题》（《漢代における限田・王田制と大土地所有問題》，《龍谷大学論叢》第三九七号，1971年）

藤家　礼之助《王莽的奴婢政策与赤眉之乱》（《王莽の奴婢政策と赤眉の乱》，《東海大学文学部紀要》第二十二辑，1974年）

山田胜芳《西汉末期三公制的确立与新出土汉简——王莽朝政治史的一个前提》（《前漢末三公制の成立と新出漢簡—王莽代政治史の一前提》，《集刊東洋学》第六十八号，1992年）

山田胜芳《王莽朝货币史》（《王莽代貨幣史》，《東北大学東洋史論集》，第六辑，1995年）

山田胜芳《中国的乌托邦与"均的理念"》（《中国のユートピアと"均の理念"》，汲古書院，2001年）

顾颉刚《秦汉方士与儒生》（1935年初版）

沈展如《王莽全史》（台北正中书局，1977年）

饶宗颐《西汉反抗王氏者列传》（收录于《选堂集林》上，中华书局，1982年）

饶宗颐《新莽职官考》（同前）

张志哲、罗义俊、郭志坤《王莽与刘秀》（刊于《中国史研究》，1980—1982年）

马乘风《王莽一朝社会经济短史》（刊于《中国经济》第三卷第五期，1935年）

近观

壹卷
YE BOOK

图书在版编目（CIP）数据

王莽：儒家理想的信徒 / (日) 东 晋次著；李天蛟 臧鲁宁
译. -- 成都：四川人民出版社，2021.11
　　ISBN 978-7-220-12287-3

Ⅰ.①王… Ⅱ.①东… ②李… Ⅲ.①王莽（约前
45-23）—传记 Ⅳ.①K827=341

中国版本图书馆CIP数据核字（2021）第104271号

"WANGMANG-JYUKA NO SHISO NI TSUKARETA OTOKO" by Higashi Shinji
Copyright © 2003 Higashi Shinji
All Rights Reserved.
Original Japanese edition published by HAKUTEISHA Co., Ltd.
This Simplified Chinese Language Edition is published by arrangement with HAKUTEISHA
Co., Ltd. through East West Culture & Media Co., Ltd., Tokyo
四川省版权局著作权合同登记号：21-2021-318

WANGMANG : RUJIA LIXIANG DE XINTU

王莽：儒家理想的信徒

（日）东 晋次　著　　李天蛟　臧鲁宁　译

出 品 人	黄立新
策划统筹	封 龙
责任编辑	赵 静
封面设计	张 科
版式设计	戴雨虹
责任印制	周 奇
出版发行	四川人民出版社（成都槐树街2号）
网　　址	http://www.scpph.com
E—mail	scrmcbs@sina.com
新浪微博	@四川人民出版社
微信公众号	四川人民出版社
发行部业务电话	（028）86259624　86259453
防盗版举报电话	（028）86259624
照　　排	四川胜翔数码印务设计有限公司
印　　刷	成都东江印务有限公司
成品尺寸	130mm×210mm
印　　张	10.75
字　　数	200千
版　　次	2021年11月第1版
印　　次	2022年3月第2次印刷
书　　号	ISBN 978-7-220-12287-3
定　　价	82.00元

YE BOOK

让 思 想 流 动 起 来

官方微博：@壹卷YeBook

官方豆瓣：壹卷YeBook

微信公众号：壹卷YeBook

媒体联系：yebook2019@163.com

壹卷工作室
微信公众号